Hanumaan Chaaleesaa, Sankat Mochan Hanumaan Ashtak & Bajrang Baan of Goswami Tulsidas with Bajrang Aaratee In English and Hindi with Meaning

Anurag Pandey

Published by Anurag Pandey, 2023.

Table of Contents

Correct Hindi Pronunciation Through English Alphabet

अंग्रेजी वर्णमाला के माध्यम से सही हिन्दी उच्चारण विधि

इ/ि-i ई/ी-I उ/ु-u ऊ/ू-U

ए/े-e ऐ/ै-E ओ/ो-o औ/ौ-O

ं-n~ ँ-N~

ट-t ठ-th ड-d ढ-dh ण-n

ड़-d~ ढ़-dh~

त-T थ-TH द-D ध-DH न-N

श-sh ष-sh~ स-s श्र-shr

क्ष-ksha ज्ञ-gya

maNojavam maarUT Tulyavegam
jiTeNDriyam buDDHimaTaam varish~tham
vaaTaaTmajam vaaNar yUTH mukhyam
shrI raam DUTam sharanam prapadye

Manojavam Marut Tulya Vegam
Jitendriyam Buddhimataam Varishtam
Vaataatmajam Vaanar Yooth Mukhyam
Shree Raam Dootam Sharanam Prapadye

Meaning: O son of the wind! You travel at the speed of the wind! You have conquered the senses! You are the best among intelligent! O commander of the Vaanars (apes)! O envoy of Shree Raam! We all surrender before thee.

मनोजवं मारुततुल्यवेगं जितेन्द्रियं बुद्धिमतां वरिष्ठं।
वातात्मजं वानरयूथमुख्यं श्रीरामदूतं शरणं प्रपद्ये॥

अर्थः वायुवेग से चलने वाले, इन्द्रियों पर विजय प्राप्त करने वाले, बुद्धिमानो में सर्वश्रेष्ठ। हे वायु पुत्र! हे वानर सेनापति! हे रामदूत! हम सभी आपके शरणागत है॥

haNumaaN chaalIsaa

Hanumaan Chaaleesaa
Hanuman Chalisa

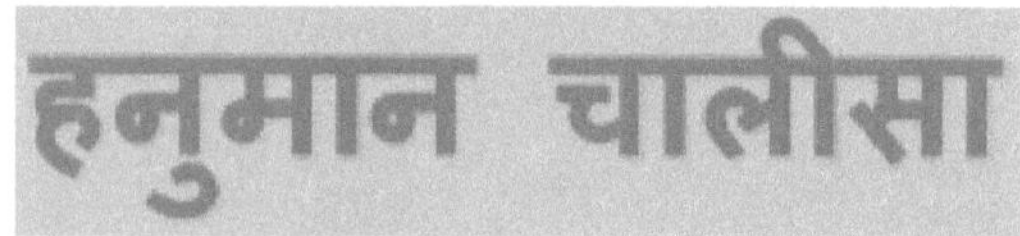

shrI guru charaN saroj raj,
 Nij maN mukuru suDHaari
 baraNaU raghuvar bimal jasu,
 jo Daayaku phal chaari

**Shree Guru Charan Saroj Raj,
 Nij Man Mukuru Sudhaari
 Baranau Raghuvar Bimal Jasu,
 Jo Daayaku Phal Chaari**

Meaning: Having purified my mirror-like mind with the dust of the lotus feet of Shree Guru Mahaaraaj, I describe the pure glory of Shree Raghuveer, who bestows the four treasures of righteousness, resources, enjoyment and salvation.

श्री गुरु चरण सरोज रज, निज मन मुकुरु सुधारि।
बरनऊं रघुवर बिमल जसु, जो दायकु फल चारि।

अर्थ- श्री गुरु महाराज के चरण कमलों की धूलि से अपने मन रूपी दर्पण को पवित्र करके श्री रघुवीर के निर्मल यश का वर्णन करता हूँ, जो धर्म, अर्थ, काम और मोक्ष रूपी चार फल प्रदान करते हैं।

buDDHihIN TaNu jaaNike,
sumiro pawaN kumaar
bal, buDDHi, viDyaa Dehu mohi,
harahu kalesh vikaar

Buddhiheen Tanu Jaanike,
Sumiro Pavan Kumaar
Bal Buddhi Vidyaa Dehu Mohi,
Harahu Kalesh Vikaar

Meaning: O son of Wind! I am unintelligent and Insignificant. I chant your name and pray to you. Kindly give me strength, wisdom and knowledge and take away my sorrows and shortcomings.

बुद्धिहीन तनु जानिके, सुमिरो पवन-कुमार।
बल बुद्धि विद्या देहु मोहिं, हरहु कलेश विकार।

अर्थ- हे पवन कुमार! मैं स्वयं को बुद्धिहीन जानकर आपका स्मरण, ध्यान करता हूँ। मुझे बल, बुद्धि एवं ज्ञान दीजिए और मेरे दुखों व दोषों को हर लीजिए।

6

jay haNumaaN gyaaN guN saagar,
jay kapIs Tihun~ lok ujaagar [1]

Jay Hanumaan Gyaan Gun Saagar,
Jay Kapees Tihun Lok Ujaagar [1]

Meaning: Hail to Lord Hanumaan! Hail to the ocean of knowledge and virtues. O Kapishwar (Vaanar god)! Hail to thee! You are famous in all three worlds i.e. heaven, earth and abyss.

जय हनुमान ज्ञान गुण सागर, जय कपीस तिहुं लोक उजागर॥1॥

अर्थ- ज्ञान और गुण के सागर श्री हनुमान जी की जय हो। हे कपीश्वर। आपकी जय हो। तीनों लोकों (स्वर्ग लोक, भूलोक, पाताल लोक) में आपकी कीर्ति है।

raam DUT aTuliT bal DHaamaa,
an~jaNI puTra pawaN SuT Naamaa [2]

Raam Doot Atulit Baldhaamaa,
Anjanee Putra Pavan Sut Naamaa [2]

Meaning: O Lord Hanumaan! Hey envoy of Lord Shree Raam! You are the master of incomparable strength! You are known in the world as the son of mother Anjani and the son of Lord wind.

राम द्रूत अतुलित बलधामा, अंजनी पुत्र पवन सुत नामा॥2॥

अर्थ- हे अतुलित बल के भंडार रामदूत हनुमान जी। आप जगत में अंजनी पुत्र और पवनसुत के नाम से जाने जाते हैं।

mahaavIr vikram bajaran~gI,

kumaTi Nivaar sumaTi Ke san~gI [3]

Mahaaveer Vikram Bajarangee,

Kumati Nivaar Sumati Ke Sangee [3]

Meaning: Hey Mahaaveer! Your body is stronger than steel. You are extremely powerful. You purify evil minds and help the virtuous.

महावीर विक्रम बजरंगी, कुमति निवार सुमति के संगी ॥3॥

अर्थ- हे महावीर! आप वज्र के समान अंग वाले और अति पराक्रमी हैं। आप दुर्बुद्धि को दूर करते हैं तथा अच्छी बुद्धि वालों के साथी और सहायक हैं।

kan~chaN baraN biraaj subesaa,

kaaNaN kundal kun~chiT kesaa [4]

Kanchan Baran Biraaj Subesaa,

Kaanan Kundal Kunchit Kesaa [4]

Meaning: There is a golden glow on your body. Elegant clothes, earrings and curly hair which enhance your beauty.

कंचन बरन बिराज सुबेसा, कानन कुण्डल कुंचित केसा ॥4॥

अर्थ- आपकी स्वर्ण के समान कान्तिमान देह पर सुन्दर वस्त्र, कानों में कुण्डल और घुंघराले केश सुशोभित हो रहे हैं।

haaTH bajra aOr DHwajaa viraaje,
kaan~DHe mUN~j jaNeU saajE [5]

Haath Bajra Aur Dhwajaa Viraaje,
Kaandhe Moonj Janeu Saajei [5]

Meaning: You have an iron mace in one hand and a flag on the other, which is a symbol of religion. And the sacred thread made of Moonj adorns your shoulder.

[Moonj - A kind of Grass / Tripidium Bengalense / Saccharum Bengalense / Munja Sweetcane]

हाथबज्र और ध्वजा विराजे, कांधे मूँज जनेऊ साजै॥5॥

अर्थ- आपके हाथ में वज्र के समान गदा और धर्म का प्रतीक ध्वजा है तथा आपके कन्धे पर मूँज का जनेऊ सुशोभित है।

[मूँज - एक प्रकार का घास, सरकंडा]

shan~kar suwaN kesarI Nan~DaN,
Tej praTaap mahaa jag ban~DaN [6]

Shankar Suvan Kesaree Nandan,
Tej Prataap Mahaa Jag Bandan [6]

Meaning: You are famous as a partial incarnation of Lord Shankar. You are known as the son of Kesari. Your bravery and great fame are revered across the world.

शंकर सुवन केसरी नंदन, तेज प्रताप महा जग बंदन॥6॥

अर्थ- आप शंकर के अंश अवतार और केसरी के पुत्र के नाम से विख्यात हैं। आपके पराक्रम और महान यश की संसार भर में वन्दना होती है।

vidyaavaaN gunI aTi chaaTur,
raam kaaj karibe ko aaTur [7]

Vidyaavaan Gunee Ati Chaatur,
Raam Kaaj Karibe Ko Aatur [7]

Meaning: You are learned, talented and extremely intelligent. You are always ready to complete the work of Shree Raam.

विद्यावान गुणी अति चातुर, राम काज करिबे को आतुर ॥7॥

अर्थ- आप विद्यावान, गुणवान और अत्यन्त चतुर हैं। आप श्री राम का कार्य पूर्ण करने के लिए सदैव आतुर रहते है।

prabhu chariTra suNibe ko rasiyaa,
raam lakhaN sITaa maN basiyaa [8]

Prabhu Charitra Sunibe Ko Rasiyaa,
Raam Lakhan Seetaa Man Basiyaa [8]

Meaning: You enjoy listening to the life story of Lord Shree Raam. Listening to the praises of lord Shree Raam gives you pleasure. Shree Raam, Shree Lakshman and Mother Seetaa always reside in your heart.

प्रभु चरित्र सुनिबे को रसिया, राम लखन सीता मन बसिया ॥8॥

अर्थ- आप प्रभु श्री राम का चरित्र सुनने में आनन्द रस लेते है। श्री राम का गुणगान सुनने में आपको आनंद मिलता है। श्री राम, श्री लक्ष्मण और माता सीता सदा आपके हृदय में विराजमान रहते हैं।

10

sUkshm rUp DHari siyahin~ Dikhaavaa,
bikat rUp DHari lan~k jaraavaa [9]

Sookshm Roop Dhari Siyahin Dikhaavaa,
Bikat Roop Dhari Lank Jaraavaa [9]

Meaning: Taking a tiny form, you met mother Seetaa and taking a
ferocious form, you burnt Raavan's empire, Lankaa.

सूक्ष्म रूप धरि सियहिं दिखावा, बिकट रूप धरि लंक जरावा॥9॥

अर्थ- आप अति लघु रूप धारण करके सीता जी के सम्मुख गए और अत्यन्त विकराल रूप
धारण करके आपने लंका को जलाया।

bhIm rUp DHari asur saN~haare,
raamachaNDra ke kaaj saN~waare [10]

Bheem Roop Dhari Asur Sanhaare,
Raamchandra Ke Kaaj Sanvaare [10]

Meaning: By taking a very huge and terrifying form, you killed the
demons and completed the work of Shree Raamchandra jee.

भीम रूप धरि असुर सँहारे, रामचन्द्र के काज सँवारे॥10॥

अर्थ- आपने अत्यन्त विशाल और भयानक रूप धारण करके राक्षसों का वध किया और श्री
रामचन्द्र जी के कार्यों को पूर्ण किया।

laay sajIvaN lakhaN jiyaaye,
shrI raghuvIr harash~i ur laaye [11]

Laay Sajeevan Lakhan Jiyaaye,
Shree Raghuveer Harashi Ur Laaye [11]

Meaning: You brought the herb Sanjeevanee and saved the life of Shree Lakshman. Seeing Lakshman alive, Shree Raam's happiness knew no bounds and he hugged you.

लाय सजीवन लखन जियाये, श्री रघुवीर हरषि उर लाये ॥11॥

अर्थ- आपने संजीवनी बूटी लाकर लक्ष्मण जी के प्राण बचाए जिससे रघुवीर ने हर्षित होकर आपको हृदय से लगा लिया।

raghupaTi kINhIn~ bahuT bad~aaI,
Tum mam priy bharaTahi sam bhaaI [12]

Raghupati Keenheen Bahut Badaai,
Tum Mam Priy Bharatahi Sam Bhaai [12]

Meaning: Shree Raamchandra Jee praised you a lot and said, "You are as dear to me as brother Bharat!"

रघुपति कीन्हीं बहुत बड़ाई, तुम मम प्रिय भरतहि सम भाई ॥12॥

अर्थ- श्री रामचन्द्र ने आपकी बहुत प्रशंसा की और कहा कि तुम भाई भरत के समान ही मुझे प्रिय हो।

12

sahas baDaN Tumharo jas gaavEn~,
aus kahi shrIpaTi kan~th lagaavEn~ [13]

Sahas Badan Tumharo Jas Gaavein,
Aus Kahi Shree Pati Kanth Lagaavein [13]

Meaning: Shree Raam hugged you and said, "Shree Shesh jee will always sing your praises with a thousand mouths." **Or** Shree Raam hugged you and said, "Your fame shall be praised in thousands of mouths."

[Shesh Naag: King of snakes, great devotee of Lord Vishnu, Lord Vishnu rests on Sheshnaag.]

सहस बदन तुम्हरो जस गावैं। अस कहि श्रीपति कंठ लगावैं॥13॥

अर्थ- श्री राम ने आपको यह कहकर हृदय से लगा लिया कि हजार मुख वाले श्री शेष जी सदा तुम्हारे यश का गान करते रहेंगे। **अथवा** श्री राम ने आपको यह कहकर हृदय से लगा लिया कि तुम्हारा यश हजार मुख से सराहनीय है।
[शेषनाग: नागों के राजा, भगवान विष्णु के बहुत बड़े भक्त, भगवान विष्णु के विश्राम शय्या।]

saNakaaDik brahmaaDi munIsaa,
NaaraD, saaraD sahiT ahIsaa [14]

Sanakaadik Brahmaadi Muneesaa,
Naarad, Saarad Sahit Aheesaa [14]

Meaning: Shree Sanak, Shree Sanaatan, Shree Sanandan, Shree Sanatkumaar etc. sages, Brahmaa etc. deities, Naarad jee, Saraswati jee and Shesh Naag jee.

सनकादिक ब्रह्मादि मुनीसा, नारद, सारद सहित अहीसा॥14॥

अर्थ- श्री सनक, श्री सनातन, श्री सनन्दन, श्री सनत्कुमार आदि मुनिगण, ब्रह्मा आदि देवगण, नारद जी, सरस्वती जी और शेषनाग जी

jam kuber Digpaal jahaan~ Te,
kabi kobiD kahi sake kahan~ Te [15]

Jam Kuber Digpaal Jahaan Te,
Kabi Kobid Kahi Sake Kahaan Te [15]

Meaning: Even Yamraaj (deity of Dharm), Kuber (deity of wealth) and the protectors of all directions are unable to describe your glory. Then how can poets, scholars or learned pandits be able to describe your glory completely?

जम कुबेर दिगपाल जहाँ ते, कबि कोबिद कहि सके कहाँ ते॥15॥

अर्थ- यमराज, कुबेर तथा सभी दिशाओं के रक्षक भी आपका यश कहने में असमर्थ हैं तो फिर कवि, विद्वान या पंडित कैसे आपके यश का पूर्णतः वर्णन करने में समर्थ हो सकते हैं!

Tum upkaar sugrIvahi kINhaa,
raam milaay raaj paD DINhaa [16]

Tum Upkaar Sugreevahi Keenhaa,
Raam Milaay Raaj pad Deenhaa [16]

Meaning: You did a great favour to Sugreev jee. You united him with Shree Raam and got him the kingship.

तुम उपकार सुग्रीवहि कीन्हा, राम मिलाय राजपद दीन्हा॥16॥

अर्थ- आपने सुग्रीव जी का महान उपकार किया। आपने उन्हें श्रीराम से मिलाकर राजपद प्राप्त करा दिया।

**Tumharo man~Tra vibhIsh~an maaNaa,
  lan~keswar bhaye sab jag jaaNaa [17]**

      **Tumharo Mantra Vibheeshan Maanaa,
      Lankesvar Bhaye Sab Jag Jaanaa [17]**

Meaning: Vibheeshan jee followed your advice and became the king
of Lankaa. The whole world knows this.

तुम्हरो मंत्र विभीषण माना, लंकेस्वर भए सब जग जाना ॥17॥

अर्थ- आपके उपदेश का विभिषण जी ने पालन किया। इसके कारण वे लंका के राजा बन गए।
इस बात को सारा संसार जानता है।

**jug sahasTra jojaN par bhaaNU,
  lIlyo Taahi maDHur phal jaaNU [18]**

      **Jug Sahastra Jojan Par Bhaanoo,
      Leelyo Taahi Madhur Phal Jaanoo [18]**

Meaning: The Sun is situated at a distance of Yuga Sahastra Yojana.
Hanumaan Jee! You swallowed the sun as a fruit.

[One Yuga = 12000 years, one Sahastra = 1000, one Yojana = 8 miles]
[Yuga Sahastra Yojana = 12000 * 1000 * 8 = 96000000 miles,
one mile = 1.6 kilometres]
[96000000 miles = 96000000 * 1.6 kilometres = 153600000 kilometres]

जुग सहस्त्र जोजन पर भानू, लील्यो ताहि मधुर फल जानू ॥18॥

अर्थ- सूर्य जो युग सहस्त्र योजन की दूरी पर स्थित है उसे श्री हनुमान जी आपने एक मीठा फल
समझकर निगल लिया।

[एक युग = 12000 वर्ष, एक सहस्त्र = 1000, एक योजन = 8 मील]
[युग सहस्त्र योजन = 12000 * 1000 * 8 = 96000000 मील, एक मील = 1.6 किलोमीटर]
[96000000 मील = 96000000 * 1.6 किलोमीटर = 153600000 किलोमीटर]

prabhu muDrikaa meli mukh maahi,
  jalaDHi laan~ghi gaye acharaj NaahIn~ [19]

Prabhu Mudrikaa Meli Mukh Maahi,
Jaladhi Laanghi Gaye Acharaj Naaheen [19]

Meaning: You kept Lord Shree Raamchandra's ring in your mouth
and crossed the sea. There is nothing surprising in this.

प्रभु मुद्रिका मेलि मुख माहि, जलधि लांघि गये अचरज नाहीं ॥19॥

अर्थ- आप श्री रामचन्द्र जी की अंगूठी मुंह में रखकर समुद्र को लांघ गए। इसमें आश्चर्य की
कोई बात नहीं है।

Durgam kaaj jagat ke jeTe,
  sugam anugrah Tumhare TeTe [20]

Durgam Kaaj Jagat Ke Jete,
Sugam Anugrah Tumhare Tete [20]

Meaning: By your grace all the difficulties of the world become easy
and simple.

दुर्गम काज जगत के जेते, सुगम अनुग्रह तुम्हरे तेते ॥20॥

अर्थ- संसार में जितने भी कठिन कार्य हैं वे आपकी कृपा से सहज और सरल हो जाते है।

raam Duaare Tum rakhawaare,
hoT Na aagyaa biNu pEsaare [21]

Raam Duaare Tum Rakhavaare,
Hot Na Aagyaa Binu Peisaare [21]

Meaning: You are the sentinel in the court of Lord Shree Raam. No one can enter the court without your grace. So without your pleasure no one can meet Lord Shree Raam.

राम दुआरे तुम रखवारे, होत न आज्ञा बिनु पैसारे ॥21॥

अर्थ- आप श्री रामचन्द्र जी के द्वारपाल अर्थात द्वार के रखवाले हैं। आपकी अनुमति के बिना किसी को प्रभु श्री राम के दरबार में प्रवेश नहीं मिल सकता है। अर्थात् प्रभु श्री राम से मिलने के लिए आपकी कृपा आवश्यक है।

sab sukh lahE TumhaarI saraNaa,
Tum rakshak kaahU ko daraNaa [22]

Sab Sukh Lahei Tumhaaree Saranaa,
Tum Rakshak Kaahoo Ko Daranaa [22]

Meaning: Whoever takes refuge in you, attains all happiness. He is not afraid of anyone whose protector you are.

सब सुख लहै तुम्हारी सरना, तुम रक्षक काहू को डरना ॥22॥

अर्थ- जो भी आपकी शरण में आते हैं, उन्हें आनन्द प्राप्त होता है। आप जिसके रक्षक हैं उसे फिर किसी का डर नहीं रहता।

aapaN Tej samhaaro aapE,
TInon~ lok haan~k Ten~ kaan~pE [23]

Aapan Tej Samhaaro Aapei,
Teeno Lok Haank Te Kaanpei [23]

Meaning: Only you can control your power, your bravery, your strength and your brilliance. All three worlds tremble with your roar.

आपन तेज सम्हारो आपै, तीनों लोक हांक तें कांपै॥23॥

अर्थ- आपकी शक्ति, आपके पराक्रम, आपके बल, आपके तेज को स्वयं आप ही संभाल सकते हैं। आपकी गर्जना से तीनों लोक कांप उठते हैं।

bhUT pishaach Nikat Nahin~ aavE,
mahaavIr jab Naam suNaavE [24]

Bhoot Pishaach Nikat Nahi Aavei,
Mahaaveer Jab Naam Sunaavei [24]

Meaning: Mahaaveer Hanumaan jee! Where your name is taken, ghosts, devils etc. do not come. They run away as soon as they hear your name.

भूत पिशाच निकट नहिं आवै, महावीर जब नाम सुनावै॥24॥

अर्थ- महावीर हनुमान जी। आपका नाम लेने से भूत, पिशाच आदि पास नहीं आते हैं। आपका नाम सुनते ही वे भाग जाते हैं।

NaasE rog harE sab pIraa,
japaT Niran~Tar haNumaT bIraa [25]

Naasei Rog Harei Sab Peeraa,
Japat Nirantar Hanumat Beeraa [25]

Meaning: O Brave Hanumaan! By continuously chanting your name, all the diseases of your devotees are destroyed and they get relief from all sufferings.

नासै रोग हरै सब पीरा, जपत निरंतर हनुमत बीरा ॥25॥

अर्थ- वीर हनुमान जी। आपका निरंतर जप करने से समस्त रोगों का नाश हो जाता है और सभी पीड़ाओं से मुक्ति मिल जाती है।

san~kat Ten~ haNumaaN chhud~aavE,
maN kram bachaN DHyaaN jo laavE [26]

Sankat Te Hanumaan Chhudaavei,
Man Kram Bachan Dhyaan Jo Laavei [26]

Meaning: Hey Hanumaan jee! Whoever worships you through his thoughts, deeds and words, you save him or her from all troubles.

संकट तें हनुमान छुड़ावै, मन क्रम बचन ध्यान जो लावै॥26॥

अर्थ- हे हनुमान जी। जिसके मन, कर्म और वाणी में आपका वास हो, उसकी आप सभी संकटों से रक्षा करते हैं।

sab par raam TapaswI raajaa,

TiNake kaaj sakal Tum saajaa [27]

Sab Par Raam Tapasvee Raajaa,

Tinake Kaaj Sakal Tum Saajaa [27]

Meaning: Ascetic Raam is the king of kings. You performed all his tasks.

सब पर राम तपस्वी राजा, तिनके काज सकल तुम साजा ॥27॥

अर्थ- तपस्वी राम सबके राजा हैं। उनके सभी कार्यों को आपने पूरा किया।

aOr maNoraTH jo koi laavE,

soI amiT jIvaN phal paavE [28]

Aur Manorath Jo Koi Laavei,

Soi Amit Jeevan Phal Paavei [28]

Meaning: Hey Hanumaan jee! Whoever comes to you with any kind of pious wishes, his/her wish is definitely fulfilled. Apart from this, he/she also gets immense benefits in life i.e. devotion towards Lord Raam.

और मनोरथ जो कोइ लावै, सोई अमित जीवन फल पावै ॥28॥

अर्थ- हे हनुमान जी। जो कोई आपके पास किसी प्रकार का शुभ मनोरथ या शुभ कामना लेकर आता है, उसकी वह कामना तो पूरी होती ही है। साथ ही उसे अमित जीवन फल अर्थात प्रभु राम की भक्ति भी प्राप्त होती है।

chaaron~ jug parTaap Tumhaaraa,
hE parsiDDH jagaT ujiyaaraa [29]

Chaaro Jug Partaap Tumhaara,
Hei Parsiddh Jagat Ujiyaaraa [29]

Meaning: Hey Hanumaan jee! All four eras (yug) (Sat yug, Tretaa yug, Dwaapar yug and Kali yug) are illuminated by your glory. Your fame is shining everywhere in the world.

चारों जुग परताप तुम्हारा, है परसिद्ध जगत उजियारा ॥29॥

अर्थ- हे हनुमन जी। चारों युग (सतयुग, त्रेता, द्वापर तथा कलियुग) आपके प्रताप से प्रकाशित होते हैं। संसार में आपकी कीर्ति सर्वत्र प्रकाशमान है।

saaDHu saNT ke Tum rakhwaare,
asur Nikan~daN raam Dulaare [30]

Saadhu Sant Ke Tum Rakhvaare,
Asur Nikandan Raam Dulaare [30]

Meaning: You protect the saints and destroy the wicked. You are very dear to Lord Raam.

साधु सन्त के तुम रखवारे, असुर निकंदन राम दुलारे ॥30॥

अर्थ- आप साधु - संतों, सज्जनों की रक्षा करते हैं। दुष्टों का नाश करते हैं। आप प्रभु राम को अति प्रिय हैं।

**ash~ta siDDHi NO NiDHi ke DaaTaa,
aus bar DIn jaaNakI maaTaa [31]**

**Asht Siddhi Nou Nidhi Ke Daataa,
Aus Bar Deen Jaanakee Maataa [31]**

Meaning: With the blessings of mother Jaanakee, you are bestower of Asht siddhiyaan (eight types of achievements) and nou nidhiyaan (nine types of wealth).

Asht siddhiyaan (eight types of achievements)

1.) Animaa (Anima) - Ability to appear in extremely subtle form.

2.) Mahimaa (Glory) - Ability to take a very huge form.

3.) Garimaa (Dignity) - The ability to increase one's own physical body weight infinitely.

4.) Laghima- The ability to decrease one's own physical body weight infinitely.

5.) Prapti (Attainment) - Ability to attain anything immediately.

6.) Praakaamya- Ability to enter the abyss and fly in the sky.

7.) Ishitva- Ability to gain mastery over the world by attaining divine powers.

8.) Vashitva- Ability to control someone.

Nine Nidhis (Nine types of Wealth)

(Padma Nidhi, Mahapadma Nidhi, Neel Nidhi, Mukund Nidhi, Nand Nidhi, Makar Nidhi, Kachhap Nidhi, Shankha Nidhi and Kharva Nidhi)

अष्ट सिद्धि नौ निधि के दाता, अस बर दीन जानकी माता॥31॥

अर्थ- आपको माता श्री जानकी ने वरदान दिया है कि आप आठों प्रकार की सिद्धियां और नवों प्रकार की निधियां प्रदान करने में समर्थ होंगे।

अष्ट सिद्धियां

1.) अणिमा- अति सूक्ष्म रूप धारण करने की क्षमता
2.) महिमा- अति विशाल रूप धारण करने की क्षमता
3.) गरिमा- अपने भार को अत्यन्त बढ़ा लेने की क्षमता
4.) लघिमा- अपने भार को अत्यन्त हल्का कर लेने की क्षमता
5.) प्राप्ति- किसी भी वस्तु को तुरंत प्राप्त कर लेने की क्षमता
6.) प्राकाम्य- पाताल में जाने और आकाश में उड़ने की क्षमता
7.) ईशित्व- दैवीय शक्तियों की प्राप्ति से दुनिया पर स्वामित्व प्राप्त करने की क्षमता
8.) वशित्व- किसी को वश में करने की क्षमता

नौ निधियां (पद्म निधि, महापद्म निधि, नील निधि, मुकुंद निधि, नन्द निधि, मकर निधि, कच्छप निधि, शंख निधि एवं खर्व निधि)

raam rasaayaN Tumhare paasaa,
saDaa raho raghupaTi ke Daasaa [32]

Raam Rasaayan Tumhare Paasaa,
Sadaa Raho Raghupati Ke Daasaa [32]

Meaning: You are always a devotee (servant) of Shree Raghunaath jee,
due to which you always have Raam Naam Rasaayan with you.
[Raam Rasaayan: Miraculous medicine in the form of Raam's name, which cures all
diseases.]

राम रसायन तुम्हरे पासा, सदा रहो रघुपति के दासा॥32॥

अर्थ- आप निरंतर श्री रघुनाथ जी के दास हैं, जिससे राम नाम रूपी रसायन (रोगों की औषधि)
सदा आपके पास रहती है।

Tumhare bhajaN raam ko paavE,
jaNam jaNam ke Dukh bisaraavE [33]

Tumhare Bhajan Raam Ko Paavei,
Janam Janam Ke Dukh Bisaraavei [33]

Meaning: Shree Raam Jee is attained through your hymn (bhajan).
Your devotee gets freedom from the sorrows of many births.

तुम्हरे भजन राम को पावै, जनम जनम के दुख बिसरावै॥33॥

अर्थ- आपके भजन से श्री राम जी प्राप्त होते है और भक्त को जन्म जन्मांतर के दुखों से मुक्ति
मिल जाती है।

aNT kaal raghubar pur jaaI,
jahaan~ jaNm hari bhakT kahaaI [34]

Ant Kaal Raghubar Pur Jaai,
Jahaan Janm Hari Bhakt Kahaai [34]

Meaning: After his death, your devotee will go to the supreme abode
of Lord Shree Raam and if he is born again, he will get fame as a
devotee of Hari.

अन्त काल रघुबर पुर जाई, जहाँ जन्म हरि भक्त कहाई ॥34॥

अर्थ- अंत समय मृत्यु होने पर वह भक्त प्रभु श्री राम के परमधाम जाएगा और यदि उसने फिर
जन्म लिया तो वह हरिभक्त के रूप में प्रसिद्धि पाएगा।

aOr DewaTaa chiTTa Na DHaraI,
haNumaT seI sarva sukha karaI [35]

Aur Devataa Chit Na Dharai,
Hanumat Sei Sarva Sukh Karai [35]

Meaning: Hey Hanumaan jee! I can not conceive any other deity as
you are the source of all happiness.

और देवता चित न धरई, हनुमत सेई सर्व सुख करई ॥35॥

अर्थ- हे हनुमान जी! मैं आपके सिवा किसी और देवता को अपने हृदय में धारण नहीं करता हूँ।
आपकी सेवा से ही मुझे सभी सुख प्राप्त होते हैं।

san~kat katE mitE sab pIraa,
jo sumirE haNumaT balbIraa [36]

Sankat Katei Mitei Sab Peeraa,
Jo Sumirei Hanumat Balbeeraa [36]

Meaning: O great warrior Hanumaan Jee! He who remembers you, his all troubles and sufferings vanish.

संकट कटै मिटै सब पीरा, जो सुमिरै हनुमत बलबीरा ॥36॥

अर्थ- हे वीरश्रेष्ठ! जो आपका हृदय से स्मरण करता है, उसके सभी संकट टल जाते है और उसकी समस्त पीड़ाएं समाप्त हो जाती हैं।

jE jE jE haNumaaN gosaaI,
kripaa karahu guru Dev kI NaaI [37]

Jei Jei Jei Hanumaan Gosaain,
Kripaa Karahu Guru Dev Kee Naai [37]

Meaning: O Lord Hanumaan! Hail to thee! Be victorious!! Be victorious!!! Shree Gurudev! Kindly bless me.

जै जै जै हनुमान गोसाई, कृपा करहु गुरु देव की नाई ॥37॥

अर्थ- हे स्वामी हनुमान जी! आपकी जय हो! जय हो!! जय हो!!! आप श्री गुरुदेव के समान मुझ पर कृपा कीजिए।

jo sat baar paath kar koI,
chhUtahi ban~Di mahaa sukh hoI [38]

Jo Shat Baar Paath Kar Koi,
Chhootahi Bandi Mahaa Sukh Hoi [38]

Meaning: The person who recites Hanumaan Chaaleesaa a hundred times gets freedom from all bondages and sufferings and experiences ecstasy.

जो सत बार पाठ कर कोई, छूटहि बंदि महा सुख होई ॥38॥

अर्थ- जो कोई इस हनुमान चालीसा का सौ बार पाठ करता है, उसे सभी बंधनों और कष्टों से छुटकारा मिल जाता है और उसे परमानन्द की अनुभूति होती है।

jo yah padh~E haNumaaN chaalIsaa,
hoy siDDHi saakhI gOrIsaa [39]

Jo Yah Padhei Hanumaan Chaaleesaa,
Hoy Siddhi Saakhee Goureesaa [39]

Meaning: The person who recites Hanumaan Chaaleesaa daily definitely attains all the siddhis (achievements) and Gauripati (Gauri's husband) Mahaadev is witness to it.

जो यह पढ़ै हनुमान चालीसा, होय सिद्धि साखी गौरीसा ॥39॥

अर्थ- जो इस हनुमान चालीसा का नित्य पाठ करेगा, उसे निश्चय ही सिद्धियों की प्राप्ति होगी, इसके साक्षी स्वयं गौरीपति महादेव हैं।

TulasIDaas saDaa hari cheraa,
kIjE NaaTH hriDay man~h deraa [40]

Tulaseedaas Sadaa Hari Cheraa,
Keejei Naath Hriday Manh Deraa [40]

Meaning: Hey Naath (master) Hanumaan jee! Tulaseedas is always a servant of Lord Raam. So he appeals to you to reside in his heart.

तुलसीदास सदा हरि चेरा, कीजै नाथ हृदय मंह डेरा ॥40॥

अर्थ- हे नाथ (हनुमान जी)। तुलसीदास तो सदा के लिए प्रभु राम का दास है। अतएव आप उसके हृदय में निवास करने की कृपा करें।

pavaN TaNay san~kat haraN,
man~gal mUraTi rUp
raam lakhaN sITaa sahiT,
hriDay basahu sur bhUp

Pavan Tanay Sankat Haran,
Mangal Moorati Roop
Raam Lakhan Seetaa Sahit,
Hriday Basahu Sur Bhoop

Meaning: O son of wind, Shree Hanumaan jee! You are the destroyer of all troubles. Your idol is an epitome of welfare. Please reside in my heart along with Lord Raam Jee, Mother Seetaa Jee and Shree Lakshman Jee.

पवन तनय संकट हरन, मंगल मूरति रूप।
राम लखन सीता सहित, हृदय बसहु सुर भूप॥

अर्थ- हे पवनसुत श्री हनुमान जी। आप समस्त संकटों को हरने वाले हैं। आपका स्वरूप कल्याणकारी मूर्ति के समान है। आप प्रभु राम जी, माता सीता जी और लक्ष्मण जी के साथ मेरे हृदय में निवास कीजिए।

san~kat mochaN haNumaaN ash~tak
Sankat Mochan Hanumaan Ashtak

संकट मोचन हनुमान अष्टक

About Sankat Mochan Hanumaan Ashtak

Sankatmochan Hanumaan Ashtak is very effective. Devotees get rid of all troubles, obstacles and dangers by reciting it. If a devotee regularly recites Sankat Mochan Hanumaan Ashtak, he gets relief from even the biggest troubles. Reciting Sankatmochan Hanumaan Ashtak along with Hanumaan Chaaleesaa gives auspicious results.

Hanumaan jee, a partial incarnation of Lord Shiva, was extremely mighty since birth. In his childhood, he had a very playful nature and he used to trouble everyone. Due to this, one day a sage got angry at Hanumaan jee and cursed him to forget all his powers. As a result Hanumaan jee forgot his great power.

Hanumaan's mother Anjanaa prayed desperately to that sage to take back his curse. But the sage said that he can not take back his curse. However when someone would remind Bajrang Balee of his great powers, Hanumaan will recognize his true powerful form. Then he will be able to accomplish even the most difficult tasks.

Sankatmochan Hanumaan Ashtak describes the works done by Hanumaan jee. When devotees recite Sankatmochan Hanumaan Ashtak, Hanumaan Jee gets happy and protects his devotees from all troubles.

संकटमोचन हनुमान अष्टक अत्यन्त प्रभावकारी है। इसका पाठ करने से सभी संकट मिट जाते हैं। सभी बाधायें समाप्त हो जाती हैं। सच्चे हृदय से इसका नियमित पाठ करने से बड़े से बड़ा संकट दूर हो जाता है। हनुमान चालीसा के साथ संकटमोचन हनुमान अष्टक का पाठ करने से अत्यन्त शुभ फल की प्राप्ति होती है।

भगवान शिव के अंशावतार हनुमान जी जन्म से ही महा बलशाली थे। बाल्यावस्था में वे बड़े चंचल स्वभाव के थे और सबको परेशान करते रहते थे। ऐसे में एक दिन एक ऋषि ने क्रोधित होकर हनुमान जी को अपनी सारी शक्तियों को भूल जाने का शाप दे दिया। फलस्वरूप हनुमान जी अपने महान बल को भूल गए।

हनुमान जी की माता अंजनी ने उस ऋषि से बड़ी प्रार्थना की, तब ऋषि ने कहा कि मेरा शाप तो विफल नहीं हो सकता। लेकिन जब बजरंगबली को कोई उनकी शक्तियों की याद दिलाएगा तो उन्हें अपने वास्तविक स्वरूप और अपने महान बल की स्मृति लौट आएगी और वे कठिन से कठिन कार्य को भी सिद्ध कर देंगे।

संकटमोचन हनुमान अष्टक में हनुमान जी के किये हुए कार्यों का वर्णन है, जिसे सुनकर वे प्रसन्न होते हैं और समस्त संकटों से अपने भक्तों की रक्षा करते हैं।

san~kat mochaN haNumaaN ash~tak

Sankat Mochan Hanumaan Ashtak

संकट मोचन हनुमान अष्टक

baal samay rabi bhakshi liyo Tab
  TInahUN~ lok bhayo aN~DHiyaaro
  Taahi Son~ Traas bhayo jag ko
  yah san~kat kaahu son~ jaaT Na taaro
  Dewan aaNi karI biNaTI Tab
  ChhaaN~d~i Diyo rabi kash~t Nivaaro
  ko Nahin~ jaaNaT hE jag men~
  kapi san~kat mochaN Naam Tihaaro [1]

Baal Samay Rabi Bhaksh Liyo Tab
Teenahoo Lok Bhayo Andhiyaaro
Taahi So Traas Bhayo Jag ko
Yah Sankat Kaahoo So Jaat Na Taaro
Devan Aani Karee Binatee Tab
Chhaadi Diyo Rabi Kasht Nivaaro
Ko Nahi Jaanat Hei Jag Me
Kapi Sankat Mochan Naam Tihaaro [1]

Meaning: O Hanumaan jee, when you were a child, you swallowed the deity Sun thinking it to be a red fruit. Then darkness prevailed in all three worlds. The world became frightened. No one had any solution to overcome this crisis. Then all the gods requested you to free the Sun by taking it out of your mouth. When everyone prayed to you, you freed the sun and thus the crisis in the world was averted and everyone's lives were saved. Who in this world does not know about you whose other name is Sankat Mochan i.e. the one who removes troubles.

बाल समय रबि भक्षि लियो तब तीनहूँ लोक भयो अँधियारो |
ताहि सों त्रास भयो जग को यह संकट काहु सों जात न टारो ||

देवन आनि करी बिनती तब छाँड़ि दियो रबि कष्ट निवारो |
को नहिं जानत है जग में कपि संकटमोचन नाम तिहारो || 1 ||

अर्थ – हे हनुमान जी आप जब शिशु थे तब आपने सूर्यदेव को लाल फल समझकर निगल लिया था। तब तीनों लोक में अंधकार छा गया। संसार में भय व्याप्त हो गया। किसी के पास इस संकट को दूर करने का कोई समाधान नहीं था। तब देवताओं ने आपसे सूर्य देव को मुख से निकालने की प्रार्थना की। सबके प्रार्थना करने पर आपने सूर्य को छोड़ दिया और इस प्रकार संसार पर से संकट टल गया और सबके प्राणों की रक्षा हुई। इस संसार में कौन नहीं जानता है ऐसे कपि को जिनका नाम ही है संकट मोचन अर्थात संकट से छुटकारा दिलाने वाला।

baali kI Traas kapIs basE giri

jaaT mahaaprabhu pan~TH Nihaaro

chOn~ki mahaa muNi saap Diyo Tab

chaahiy kON bichaar bichaaro

kE Dwij rUp liwaay mahaaprabhu

so Tum Daas ke sok Niwaaro

ko Nahin~ jaaNaT hE jag men~ kapi

san~kat mochaN Naam Tihaaro [2]

Baali Kee Traas Kapees Basei Giri

Jaat Mahaaprabhu Panth Nihaaro

Chounki Mahaa Muni Saap Diyo Tab

Chahiye Koun Bichaar Bichaaro

Kei Dvij Roop Livaay Mahaaprabhu

So Tum Daas Ke Sok Nivaaro

Ko Nahi Jaanat Hei Jag Me Kapi

Sankat Mochan Naam Tihaaro [2]

Out of fear of Baalee, Vaanar king Sugreev lived in Rishyamooka mountain. One day when he saw Lord Shree Raam passing from there with brother Lakshman, he got scared considering them to be warriors sent by Baalee and started wondering what to do next. Then O Hanumaan jee, you took the form of a Braahmin and met Shree Raam and Shree Lakshman and learnt about them. Then you helped Sugreev to befriend them. As a result Lord Shree Raam killed Baalee and Sugreev became the king. Who in this world does not know about you whose other name is Sankat Mochan i.e. the one who removes troubles.

[Once Baalee had killed a demon and thrown away his dead body. A few drops of the demon's blood fell in the aashram (hermitage) of Sage Maatang. Then Maatang Rishi got angry and cursed Baalee that if Baalee would come within 8 miles of his hermitage, Balee would die.

The hermitage of Maatang Rishi was on Rishyamook mountain. That is why Sugreev took shelter in Rishyamook mountain along with his associates.]

बालि की त्रास कपीस बसै गिरि जात महाप्रभु पंथ निहारो |
चौंकि महा मुनि साप दियो तब चाहिय कौन बिचार बिचारो ||

कै द्विज रूप लिवाय महाप्रभु सो तुम दास के सोक निवारो |
को नहिं जानत है जग में कपि संकटमोचन नाम तिहारो || 2 ||

अर्थ – बालि के डर से वानर राज सुग्रीव ऋष्यमूक पर्वत पर रहने लगे थे। एक दिन उन्होंने प्रभु श्री राम को भ्राता लक्ष्मण के साथ वहाँ से जाते देखा तो उन्हें बालि का भेजा हुआ योद्धा समझ कर वे भयभीत हो गए और विचार करने लगे कि अब क्या करना चाहिए। तब हे हनुमान जी आपने ही ब्राह्मण का रूप धारण कर प्रभु श्रीराम का भेद जाना और सुग्रीव से उनकी मित्रता कराई। जिसके फलस्वरूप प्रभु श्री राम ने बाली का वध किया और सुग्रीव राजा बने। इस संसार में कौन नहीं जानता है ऐसे कपि को जिनका नाम ही है संकट मोचन अर्थात संकट से छुटकारा दिलाने वाला।

[एक बार बाली ने एक असुर का वध कर उसके शव को दूर फेंक दिया था। असुर के रक्त की कुछ बूंदें मातंग ऋषि के आश्रम मे गिर गयीं। तब मातंग ऋषि ने क्रोधवश बाली को शाप दे दिया कि अगर बाली उनके आश्रम के एक योजन की दूरी के अंदर आया तो उसकी मृत्यु हो जाएगी। मातंग ऋषि का आश्रम ऋष्यमूक पर्वत पर था। इसीलिए सुग्रीव अपने विश्वासपात्रों के साथ ऋष्यमूक पर्वत पर रहते थे।]

an~gaD ke saN~g leN gaye siy

khoj kapIs yah bEN uchaaro

jIwaT Naa bachihO ham so ju

biNaa suDHi laae ihaaN~ pagu DHaaro

herI THake Tat sin~DHu sabE Tab

laay siyaa suDHi praan ubaaro

ko Nahin~ jaaNaT hE jag men~ kapi

san~kat mochaN Naam Tihaaro [3]

Angad Ke Sang Len Gaye Siy

Khoj Kapees Yah Bein Uchaaro

Jeevat Naa Bachihou Ham So Ju

Binaa Sudhi Laaye Ihaan Pagu Dhaaro

Heree Thake Tat Sindhu Sabei Tab

Laay Siyaa Sudhi Praan Ubaaro

Ko Nahi Jaanat Hei Jag Me Kapi

Sankat Mochan Naam Tihaaro [3]

Vaanar (Monkey) King Sugreev sent a troop of monkeys in search of Mother Seetaa. Then Sugreev had warned the monkeys that if they returned without finding Mother Seetaa, they would be given capital punishment. Hey Hanumaan jee! Also you were in that troop of vaanars along with Angad, Jaamwant etc. While searching for Mother Seetaa, your troop reached the southern tip of Bhaarat. After that there was a vast ocean. Seeing that there was no way to go further, the troop of monkeys became disappointed. Then O Hanumaan jee, you crossed the sea and successfully found Mother Seetaa and returned with the news of her. In this way you saved everyone's life. Who in this world does not know about you whose other name is Sankat Mochan i.e. the one who removes troubles.

[Everyone was disappointed after seeing the immeasurable sea. Then Jaamwant reminded Hanumaan jee of his great strength. And Hanumaan jee crossed the sea and reached Lankaa.]

अंगद के सँग लेन गए सिय खोज कपीस यह बैन उचारो |
जीवत ना बचिहौ हम सो जु बिना सुधि लाए इहाँ पगु धारो ||

हेरी थके तट सिंधु सबै तब लाय सिया-सुधि प्राण उबारो |
को नहिं जानत है जग में कपि संकटमोचन नाम तिहारो || 3 ||

अर्थ – वानरराज सुग्रीव ने वानरों के दलों को माता सीता की खोज में भेजा। तब सुग्रीव ने वानरों को चेतावनी दी थी कि यदि वे माता सीता को खोजे बिना वापस आएंगे तो उन्हें प्राणदंड मिलेगा। वानरों के दल में अंगद, जामवंत आदि के साथ हे हनुमान जी आप भी थे। माता सीता को खोजते हुए आपका दल भारत के दक्षिणी छोर पर पहुँच गया जिसके आगे अथाह समुद्र था। आगे जाने का कोई मार्ग नहीं था ये देखकर वानरों का दल निराश हो गया। तब हे हनुमान जी आप समुद्र लांघ गए और माता सीता को खोजकर उनका समाचार लेकर लौटे। इस प्रकार आपने सबके प्राणों की रक्षा की। इस संसार में कौन नहीं जानता है ऐसे कपि को जिनका नाम ही है संकट मोचन अर्थात संकट से छुटकारा दिलाने वाला।

[अथाह समुद्र देखकर सभी निराश हो गए थे। तब जामवंत ने हनुमान जी को उनके महान बल का स्मरण करवाया था जिसके बाद हनुमान जी समुद्र लांघकर लंका पहुँच गए।]

raavaN Traas DaI siy ko sab
raakshasi son~ kahi sok Niwaaro
Taahi samay haNumaaN mahaaprabhu
jaay mahaa rajaNIchar maaro
chaahaT sIy asok son~ aagi su
DE prabhu muDrikaa sok Niwaaro
ko Nahin~ jaaNaT hE jag men~ kapi
san~kat mochaN Naam Tihaaro [4]

Raavan Traas Dai Siy Ko Sab
Rakshasi So Kahi Sok Nivaaro
Taahi Samay Hanumaan Mahaaprabhu
Jaay Mahaa Rajaneechar Maaro
Chaahat Seey Asok So Aagi Su
Dei Prabhu Mudrikaa Sok Nivaaro
Ko Nahi Jaanat Hei Jag Me Kapi
Sankat Mochan Naam Tihaaro [4]

Raavan and demons were torturing mother Seetaa. In such a difficult situation, Hanumaan jee reached Ashok Vaatikaa (garden) and killed many dangerous demons. Mother Seetaa had no hope of the arrival of Lord Shree Raam as she was unaware of the arrival of Shree Hanumaan in Lankaa. So she had decided to commit suicide and asked for fire from the Ashoka tree. Then Hanumaan jee! You appeared before Mother Seetaa and gave her the ring of Lord Shree Raam and consoled her that Lord Raam will come soon. In this way Hanumaan jee, you relieved Mother Seetaa from unbearable grief. Who in this world does not know about you whose other name is Sankat Mochan i.e. the one who removes troubles.

[Raavan was desperate to marry Mother Seetaa. He had kept Mother Seetaa captive in Ashok Vaatikaa. He was making every effort to get Seetaa's consent for the marriage. For this, Raavan had given free hands to his demons to anyhow make

Seetaa agree for the marriage. The demons were torturing Mother Seetaa in various ways. Only Trijataa, a female demon, always consoled Mother Seetaa. But Mother Seetaa was completely disappointed.]

रावन त्रास दई सिय को सब राक्षसि सों कहि सोक निवारो |
ताहि समय हनुमान महाप्रभु जाय महा रजनीचर मारो ||

चाहत सीय असोक सों आगि सु दै प्रभु मुद्रिका सोक निवारो |
को नहिं जानत है जग में कपि संकटमोचन नाम तिहारो || 4 ||

अर्थ – रावण माता सीता को दुख दे रहा था। राक्षसियां माता को कष्ट दे रही थीं। ऐसे में हनुमान जी आप अशोक वाटिका पहुँच गए और आपने अनेक बड़े राक्षसों का वध कर दिया। इससे अनभिज्ञ माता सीता को प्रभु श्री राम के आने की आशा न रही थी। उन्होंने आत्मदाह करने का निर्णय लिया और अशोक वृक्ष से अग्नि मांगने लगीं। तभी हनुमान जी आप उनके सम्मुख प्रस्तुत हुए और प्रभु श्री राम की मुद्रिका देकर उन्हें सात्वना दी कि प्रभु राम शीघ्र ही आएंगे। इस प्रकार हनुमान जी आपने माता सीता के कष्ट का निवारण कर दिया। इस संसार में कौन नहीं जानता है ऐसे कपि को जिनका नाम ही है संकट मोचन अर्थात संकट से छुटकारा दिलाने वाला।

[माता सीता से विवाह करने के लिए रावण व्याकुल था। उसने माता सीता को अशोक वाटिका में बंदी बना रखा था। वह हर संभव प्रयास कर रहा था कि सीता विवाह के लिए मान जाए। इसके लिए रावण ने राक्षसियों को खुली छूट दे रखी थी कि किसी भी प्रकार सीता को भयभीत कर विवाह के लिए तैयार करो। राक्षसियाँ माता सीता को अनेक प्रकार से कष्ट दे रही थीं। केवल त्रिजटा थी जो माता सीता को ढाँढस बँधाती थी। किन्तु माता सीता निराश हो चुकी थीं।]

baaN lagyo ur lachhimaN ke Tab

praaN Taje sut raawaN maaro

lE grih bEdya sush~eN sameT

TabE giri Dron su bIr upaaro

aaNi sajIwaN haaTH DaI Tab

lachhimaN ke Tum PraaN ubaaro

ko Nahin~ jaaNaT hE jag men~ kapi

san~kat mochaN Naam Tihaaro [5]

Baan Lagyo Ur Lachhiman Ke Tab

Praan Taje Sut Raavan Maaro

Lei Grih Beidya Sushen Samet

Tabei Giri Dron Su Beer Upaaro

Aani Sajeevan Haath Dai Tab

Lachhiman Ke Tum Praan Ubaaro

Ko Nahi Jaanat Hei Jag Me Kapi

Sankat Mochan Naam Tihaaro [5]

When Raavan's son Meghnaad shot the Shakti arrow at Lakshman, Lakshman became unconscious. Hey Hanumaan jee! In that difficult situation, you uprooted the house of Vaidya (Doctor) Sushen and brought him along with his house from Lankaa. Sushen asked you to bring the rarest Sanjeevanee herb which was found only on Drona mountain. Since you could not recognize the Sanjeevanee herb, you uprooted Drona mountain and brought it. In this way you brought Sanjeevanee herb and saved Lakshman's life. Who in this world does not know about you whose other name is Sankat Mochan i.e. the one who removes troubles.

बान लग्यो उर लछिमन के तब प्रान तजे सुत रावन मारो |
लै गृह वैद्य सुषेन समेत तबै गिरि द्रोण सु बीर उपारो ||

आनि सजीवन हाथ दई तब लछिमन के तुम प्रान उबारो |
को नहिं जानत है जग में कपि संकटमोचन नाम तिहारो || 5 ||

अर्थ – जब रावण पुत्र मेघनाद ने लक्ष्मण पर शक्तिबाण चलाया तो लक्ष्मण मूर्छित हो गए। हे हनुमान जी! उस विषम परिस्थिति में आप लंका से सुषेण वैद्य को घर सहित उठा लाए। सुषेण वैद्य ने आपको द्रोण पर्वत से संजीवनी बूटी लाने को कहा। संजीवनी बूटी की पहचान न होने के कारण आप द्रोण पर्वत उखाड़कर ले आए। इस प्रकार आपने संजीवनी बूटी लाकर दी और लक्ष्मण के प्राणों की रक्षा की। इस संसार में कौन नहीं जानता है ऐसे कपि को जिनका नाम ही है संकट मोचन अर्थात संकट से छुटकारा दिलाने वाला।

raawaN juDDH ajaaN kiyo Tab
Naag kI faaN~s sabE sir daaro
shrI raghuNaaTH sameT sabE Dal
moh bhayo yah san~kat bhaaro
aaNi khages TabE haNumaaN ju
ban~DHaN kaati suTraas Niwaaro
ko Nahin~ jaaNaT hE jag men~ kapi
san~kat mochaN Naam Tihaaro [6]

Raavan Juddh Ajaan Kiyo Tab
Naag kee Faans Sabei Sir Daaro
Shree Raghunaath Samet Sabei Dal
Moh Bhayo Yah Sankat Bhaaro
Aani Khages Tabei Hanumaan Ju
Bandhan Kaati Sutraas Nivaaro
Ko Nahi Jaanat Hei Jag Me Kapi
Sankat Mochan Naam Tihaaro [6]

In the war, when Raavan tied Lord Shree Raam and Shree Lakshman in a snake's noose, there was an uproar in Shree Raam's army. No one had any solution to get out of this serious crisis. Then O Hanumaan jee! You brought deity Garuda. Garuda cut the snake's noose. In this way, O Hanumaan jee! You freed Lord Shree Raam and Shree Lakshman from the snake noose and removed the crisis that had come to Shree Raam jee's army. Who in this world does not know about you whose other name is Sankat Mochan i.e. the one who removes troubles.

रावन जुद्ध अजान कियो तब नाग की फाँस सबै सिर डारो |
श्रीरघुनाथ समेत सबै दल मोह भयो यह संकट भारो ||

आनि खगेस तबै हनुमान जु बंधन काटि सुत्रास निवारो |
को नहिं जानत है जग में कपि संकटमोचन नाम तिहारो || 6 ||

अर्थ – रावण ने युद्ध में जब प्रभु श्री राम और श्री लक्ष्मण को नागपाश में बांध दिया तो श्रीराम जी की सेना में हाहाकार मच गया। किसी को इस घोर संकट से निकलने का कोई मार्ग नजर नहीं आ रहा था। तब हे हनुमान जी आप गरुड देवता को बुलाकर ले आए। गरुड देवता ने प्रभु श्री राम और श्री लक्ष्मण के नागपाश को काट दिया। इस प्रकार हनुमान जी आपने प्रभु श्री राम और श्री लक्ष्मण को नागपाश के बंधन से मुक्त कराया और श्रीराम जी की सेना पर आए संकट को दूर किया। इस संसार में कौन नहीं जानता है ऐसे कपि को जिनका नाम ही है संकट मोचन अर्थात संकट से छुटकारा दिलाने वाला।

ban~DHu sameT jabE ahiraawaN
lE raghuNaaTH paTaal siDHaaro
Debihin~ pUji bhalI biDHi son~
bali Deu sabE mili manTra bichaaro
jaay sahaay bhayo Tab hI
ahiraawaN sEnya sameT san~haaro
ko Nahin~ jaaNaT hE jag men~ kapi
san~kat mochaN Naam Tihaaro [7]

Bandhu Samet Jabei Ahiraavan
Lei Raghunaath Pataal Sidhaaro
Debihi Pooji Bhalee Bidhi So
Bali Deu Sabei Mili Mantra Bichaaro
Jaay Sahaay Bhayo Tab Hee
Ahiraavan Seinya Samet Sanhaaro
Ko Nahi Jaanat Hei Jag Me Kapi
Sankat Mochan Naam Tihaaro [7]

In the Raam-Raavan war, Raavan's brother Ahiraavan hatched a conspiracy and arrested Lord Shree Raam and Shree Lakshman and took them to the abyss. There Ahiraavan started preparing to sacrifice both of them. Then O Hanumaan jee! You reached the abyss. You freed Lord Shree Raam and Shree Lakshman from the captivity of Ahiraavana. You killed Ahiraavana along with his army. Who in this world does not know about you whose other name is Sankat Mochan i.e. the one who removes troubles.

बंधु समेत जबै अहिरावन लै रघुनाथ पाताल सिधारो ।
देबिहिं पूजि भली बिधि सों बलि देउ सबै मिलि मंत्र बिचारो ॥

जाय सहाय भयो तब ही अहिरावन सैन्य समेत संहारो ।
को नहिं जानत है जग में कपि संकटमोचन नाम तिहारो ॥ 7 ॥

अर्थ – लंका युद्ध में रावण के भाई अहिरावण ने षडयंत्र से प्रभु श्री राम और लक्ष्मण को बंदी बना लिया और उन्हें पाताल लोक ले गया। वहाँ अहिरावण दोनों की बलि चढ़ाने की तैयारी करने लगा। तब हे हनुमान जी आप पाताल लोक पहुंच गए। आपने प्रभु श्री राम और लक्ष्मण को अहिरावण के बंधन से मुक्त कराया और अहिरावण का सेना सहित संहार कर दिया। इस संसार में कौन नहीं जानता है ऐसे कपि को जिनका नाम ही है संकट मोचन अर्थात संकट से छुटकारा दिलाने वाला।

kaaj kiye bad~ Dewan ke Tum
bIr mahaaprabhu Dekhi bichaaro
kOn so san~kat mor garIb ko
jo Tumase Nahin~ jaaT hai taaro
begi haro haNumaaN mahaaprabhu
jo kachhu san~kat hoy hamaaro
ko Nahin~ jaaNaT hE jag men~ kapi
san~kat mochaN Naam Tihaaro [8]

Kaaj Kiye Bar Devan Ke Tum
Beer Mahaaprabhu Dekhi Bichaaro
Koun So Sankat Mor Gareeb Ko
Jo Tumase Nahi Jaat Hei Taaro
Begi Haro Hanumaan Mahaaprabhu
Jo Kachhu Sankat Hoy Hamaaro
Ko Nahi Jaanat Hei Jag Me Kapi
Sankat Mochan Naam Tihaaro [8]

O Mahaaveer Hanumaan jee! You have relieved the sufferings of the gods. You have completed countless works of Lord Shree Raam. So you may consider how you can remain inconsiderate to the suffering of an insignificant creature like me! Oh Hanumaan jee! Please remove all my troubles soon! Who in this world does not know about you whose other name is Sankat Mochan i.e. the one who removes troubles.

काज किये बड़ देवन के तुम बीर महाप्रभु देखि बिचारो |
कौन सो संकट मोर गरीब को जो तुमसे नहिं जात है टारो ||

बेगि हरो हनुमान महाप्रभु जो कछु संकट होय हमारो |
को नहिं जानत है जग में कपि संकटमोचन नाम तिहारो || 8 ||

अर्थ – हे महावीर हनुमान जी! आप स्वयं विचार कीजिए। आपने देवताओं के कष्टों का निवारण किया है। आपने प्रभु श्री राम के अनगिनत कार्य सम्पन्न किए हैं। तो मेरे जैसे तुच्छ प्राणी के कष्टों से आप कैसे अनभिज्ञ हो सकते हैं। हे हनुमान जी मेरे सभी संकटों को शीघ्र हर लीजिये। इस संसार में कौन नहीं जानता है ऐसे कपि को जिनका नाम ही है संकट मोचन अर्थात संकट से छुटकारा दिलाने वाला।

Stanza:

laal Deh laalI lase, aru DHari laal laN~gUr

bajra Deh DaaNaw DalaN, jay jay jay kapi sUr

Laal Deh Laalee Lase, Aru Dhari Laal Langoor

Bajra Deh Daanav Dalan, Jay Jay Jay Kapi Soor

O Hanumaan jee! You are looking so divine with vermilion applied on your red body. Your body is strong like steel. You destroy demons. O Shree Kapi Hanumaan jee! Victory to you! Victory to you! Victory to you!

दोहा –

लाल देह लाली लसे, अरु धरि लाल लँगूर ।
बज्र देह दानव दलन, जय जय जय कपि सूर ॥

अर्थ – हे हनुमान जी, आपके लाल शरीर पर सिंदूर शोभायमान है। आपकी देह वज्र के समान है। आप दानवों का नाश करते हैं। हे श्री कपि हनुमान जी आपकी जय हो, जय हो, जय हो।

End of san~kat mochaN haNumaaN ash~tak
End of Sankat Mochan Hanumaan Ashtak

॥ संकटमोचन हनुमान अष्टक सम्पूर्ण ॥

bajaran~g baan
Bajrang Baan
(The Arrow of Bajarang's name)

बजरंग बाण

About Bajrang Baan

Why did Goswaamee Tulaseedaas Jee compose Bajrang Baan?

In Kaashee, a Taantrik used Maaran Mantra (killing magic) on Goswaamee Tulaseedaas, due to which boils appeared on Tulaseedaas jee's body. Then Tulaseedaas jee prayed to Hanumaan jee to save him from that killing magic. He prayed to cure the disease by writing Bajrang Baan. By reciting Bajrang Baan, his boils were miraculously cured in a single day.

Benefits of reciting Bajrang Baan

The devotee becomes fearless. The devotee gets relief from terrible suffering. All dangers, troubles and calamities of the devotees vanish. The health of the devotee who recites Bajrang Baan improves. The confidence of that devotee becomes very strong. The enemies and diseases of that devotee are destroyed. When a devotee recites Bajrang Baan, the evil spirits go away. By reciting Bajrang Baan, tantra, mantra, black magic etc. become ineffective. Devotees get health, success, happiness and prosperity. The auspicious efforts of the devotees give positive results. Reciting Bajrang Baan spreads positive energy all around. Vastu defects (architecture with negative energy) are removed.

Why is Bajrang Baan so powerful?

Hanumaan jee never died. He still resides on Earth. Thus, Hanumaan jee is considered the most living god. If a devotee recites Bajrang Baan with devotion and dedication, all his/her troubles go away immediately. The reason for this is that by reciting Bajrang Baan we compel Hanumaan jee on the oath of Shree Raam and mother Seetaa to help us. Therefore one should never recite Hanumaan Baan for wrong or inappropriate purposes, otherwise it may have negative consequences and may cause harm.

[Bajrang Baan should not be recited to harm anyone or for a negative purpose. One should not recite Bajrang Baan to get rid of ordinary or insignificant troubles and obstacles etc.]

गोस्वामी तुलसीदास जी ने बजरंग बाण क्यों लिखा था?

काशी में गोस्वामी तुलसीदास पर किसी तांत्रिक ने मारण मंत्र का प्रयोग किया, जिससे तुलसीदास जी के शरीर पर फोड़े निकल आए। तब तुलसीदास जी ने हनुमान जी से प्रार्थना की और बजरंग बाण लिखकर पीड़ा से मुक्ति के लिए प्रार्थना की। चमत्कारिक रूप से बजरंग बाण का पाठ करने से एक दिन में उनके फोड़े ठीक हो गए।

बजरंग बाण का पाठ करने के लाभ

समस्त भय आदि से मुक्ति मिलती है। भयंकर कष्टों से मुक्ति मिलती है। घोर संकट टल जाते हैं। स्वास्थ्य में वृद्धि होती है। आत्मविश्वास मजबूत होता है। शत्रुओं व रोगों का नाश होता है। भूत-प्रेत बाधा दूर होती है। तंत्र-मंत्र प्रयोग हुआ हो तो कट जाता है। शुभ-लाभ, ऋद्धि-सिद्धि की प्राप्ति होती है। शुभ प्रयासों में सफलता मिलती है। आस-पास सकारात्मक उर्जा का संचार होता है। वास्तुदोष दूर होते हैं।

बजरंग बाण के तीव्र प्रभाव का कारण

हनुमान जी की मृत्यु नहीं हुई। वो आज भी धरती पर निवास करते हैं। इसलिए हनुमान जी को सबसे अधिक जागृत देवता माना जाता है। भक्ति और समर्पण भाव से बजरंग बाण का पाठ करने पर शीघ्र संकटों का निवारण हो जाता है। इसका कारण यह है कि इस पाठ के द्वारा हम हनुमान जी को श्री राम और माता सीता की शपथ देकर विवश कर देते हैं हमारी सहायता करने के लिए। यही कारण है कि हनुमान बाण का पाठ गलत उद्देश्य से कभी नहीं करना चाहिए, अन्यथा दोष लगता है और हानि हो सकती है।

[बजरंग बाण का पाठ किसी का बुरा करने के लिए या किसी बुरे उद्देश्य से बिल्कुल नहीं करना चाहिए। साधारण कष्ट, बाधा आदि से छुटकारा पाने के लिए बजरंग बाण का पाठ नहीं करना चाहिए।]

bajaran~g baan

Bajrang Baan
(The Arrow of Bajarang's name)

बजरंग बाण

Stanza:
Nishchay prem pratIti Te,
viNay karEn~ saNmaaN
Tehi ke kaaraj sakal shubh,
siDDH karen~ haNumaaN

> **Nishchay Prem Prateeti Te,**
> **Vinay Karein Sanmaan**
> **Tehi Ke Kaaraj Sakal Shubh,**
> **Siddh Karen Hanumaan**

Hanumaan the devotee of Shree Raam, definitely blesses the devotee who with love, faith and humbleness prays Hanumaan jee. Mahaaveer fulfils all his good wishes.

दोहा –

निश्चय प्रेम प्रतीति ते, विनय करैं सन्मान ।
तेहि के कारज सकल शुभ, सिद्ध करें हनुमान ।।

भावार्थ:- जो प्रेम और विश्वास के साथ विनय पूर्वक श्री हनुमान जी से प्रार्थना करता है, रामभक्त हनुमान जी उसपर अवश्य कृपा करते हैं और उसके सभी शुभ संकल्पों को फलीभूत करते हैं।

Quatrain:

चौपाई –

**jay haNumaNT saNT hiTakaarI,
suN lIjE prabhu araj hamaarI**

**Jay Hanumant Sant Hitakaaree,
Sun Leejei Prabhu Araj Hamaaree**

Meaning: - Hey Hanumaan jee! You are the saviour and well wisher of the saints. Listen to my prayer too, O Lord!

जय हनुमन्त सन्त हितकारी । सुन लीजै प्रभु अरज हमारी ।।

भावार्थ:- हे हनुमान जी! आप संतों के सहायक और शुभचिंतक हैं। मेरी विनती भी सुन लीजिये प्रभु।

**jaN ke kaaj bilamb Na kIjE,
aaTur DOri mahaa sukh DIjE**

**Jan Ke Kaaj Bilamb Na Keejei,
Aatur Douri Mahaa Sukh Deejei**

Meaning: - O son of the wind! Your slave is calling you. Please come without delay and take away the trouble of your devotee.

जन के काज बिलम्ब न कीजै । आतुर दौरि महा सुख दीजै ।।

भावार्थ:- हे पवनपुत्र! आपका दास आपको पुकार रहा है। अब बिलम्ब मत कीजिये और शीघ्र आकर अपने भक्त के संकट को हर लीजिए।

jEse kUDI siNDHu mahipaaraa,
surasaa badaN pEthi bisTaaraa

Jeise Koodee Sindhu Mahipaaraa,
Surasaa Badan Peithi Bistaaraa

Meaning: - You jumped and crossed the sea. You entered the mouth of an illusive demon like Surasaa and liberated her.

जैसे कूदी सिन्धु महिपारा । सुरसा बदन पैठि बिस्तारा ।।

भावार्थ:- जैसे आपने छलांग लगाकर समुद्र को पार कर लिया था। सुरसा जैसी मायावी राक्षसी के मुँह में प्रवेश कर उसका उद्धार किया था।

aage jaay lan~kiNI roka,
maarehu laaT gaI surlokaa

Aage Jaay Lankinee Rokaa,
Maarehu Laat Gayee Surlokaa

Meaning: - When you reached Lankaa, there the sentinel Lankini stopped you. Then you liberated her with a single blow and sent her to the world of gods.

आगे जाय लंकिनी रोका । मारेहु लात गई सुरलोका ।।

भावार्थ:- आपके लंका पहुँचने पर जब प्रहरी लंकिनी ने आपको रोका तो आपने एक ही प्रहार में उसे मुक्ति प्रदान कर देवलोक भेज दिया।

jaay vibhIsh~n ko sukh DINhaa,
sITaa Nirakhi paramapaD lINhaa

Jaay Vibheeshan Ko Sukh Deenhaa,
Seetaa Nirakhi Param Pad Leenhaa

Meaning: - You gave peace and joy to Lord Raam's devotee Vibhishan.
By visiting Mother Seetaa, you attained a rare supreme position.

जाय विभीषण को सुख दीन्हा । सीता निरखि परमपद लीन्हा ।।

भावार्थ:- राम भक्त विभीषण के हृदय को आपने सुख प्रदान किया। माता सीता के दर्शन पाकर आपने अत्यन्त दुर्लभ परम पद प्राप्त किया ।।

baag ujaari sin~DHu mahaN~ boraa,
aTi aaTur jamkaaTar Toraa

Baag Ujaari Sindhu Mah Boraa,
Ati Aatur Jamkaatar Toraa

Meaning: - In a playful mood you destroyed Raavan's garden Ashok
Vaatikaa and killed Raavan's demons.

बाग उजारि सिंधु महँ बोरा । अति आतुर जमकातर तोरा ।।

भावार्थ:- खेल-खेल में आपने रावण की वाटिका को उजाड़ दिया तथा रावण के राक्षसों का संहार कर उन्हें यमलोक भेज दिया ।।

akshay kumaar ko maari san~haaraa,
   lUm lapeti lan~k ko jaaraa

      Akshay Kumaar Ko Maari Sanhaaraa,
       Loom Lapeti Lank Ko Jaaraa

Meaning: - Very easily you killed Dasaanan's son Akshay Kumaar and set the entire city of Lankaa on fire with the help of your burning tail. [Dasaanan: A person with 10 heads, i.e. Raavan.]

अक्षय कुमार को मारि संहारा । लूम लपेटि लंक को जारा ।।

भावार्थ:- दशानन के पुत्र अक्षय कुमार का आपने देखते ही देखते वध कर दिया तथा अपनी पूँछ से पूरी लंका नगरी में आग लगा दी ।।

laah samaaN lan~k jari gaI,
   jay jay DHuNi surpur Nabh bhaI

      Laah Samaan Lank Jari Gayee,
      Jay Jay Dhuni Surpur Nabh Bhayee

Meaning: - Within no time, the city of Lankaa started burning like lacquer. Seeing this the Gods from heaven, started praising and hailing you.

लाह समान लंक जरि गई । जय जय धुनि सुरपुर नभ भई ।।

भावार्थ:- देखते ही देखते लंका नगरी लाह के समान धू-धूकर जलने लगी। देवलोक से यह दृश्य देखकर सभी देवता आपकी जय जयकार करने लगे ।।

ab bilamba kehi kaaraN swaamI,
kripaa karahu ur anTaryaamI

Ab Bilamb Kehi Kaaran Swaamee,
Kripaa Karahu Ur Antaryaamee

Meaning: - Oh Lord! Then why are you not helping me without delay? You are omniscient. O Lord, kindly take away my troubles.

अब बिलम्ब केहि कारन स्वामी । कृपा करहु उर अन्तरयामी ।।

भावार्थ:- हे प्रभु! तो फिर अब मुझ दास की सहायता में किस कारण विलंब कर रहे हैं? आप तो अंतर्यामी हैं। मेरे कष्टों को हरने की कृपा करो प्रभु ।।

jay jay lakhaN praaN ke daaTaa,
aaTur hoy Dukh karhu NipaaTaa

Jay Jay Lakhan Praan Ke Daataa,
Aatur Hoy Dukh Karahu Nipaataa

Meaning: - So eagerly you had saved Lakshman's life. Kudos to you for that! O Lord! End my suffering with the same eagerness.

जय जय लखन प्रान के दाता । आतुर होय दुख करहु निपाता ।।

भावार्थ:- आपने कितनी व्याकुलता से लक्ष्मण जी के प्राण बचाए थे। उसके लिए आपकी जय हो। उसी आतुरता से इस भक्त के दुखों का निवारण करो प्रभु ।।

jE giriDHar jE jE sukhsaagar,
** sur samUh samaraTH bhataNaagar**

**   Jei Giridhar Jei Jei Sukhsaagar,**
**   Sur Samooh Samrath Bhatnaagar**

Meaning: - O mighty Hanumaan jee! You lift mountains like toys!
May you always be victorious! The powers of Lord Vishnu and all the
gods are in you.

जै गिरिधर जै जै सुखसागर । सुर समूह समरथ भटनागर ।।

भावार्थ:- पर्वत को उठाने वाले हे महाबली हनुमान जी! आपकी सदा जय हो! आपमें
भगवान विष्णु सहित सभी देवताओं की शक्तियां निहित हैं।

oum haNu haNu haNu haNuman~T hathIle, bErihi
maarU bajra kI kIle

**   Oum Hanu Hanu Hanu Hanumant Hatheele,**
**   Beirihi Maaroo Bajra Kee Keele**

Meaning: - Hey Hanumant! You are very stubborn. Now destroy my
enemies with your mace.

ॐ हनु हनु हनु हनुमंत हठीले । बैरिहि मारु बज्र की कीले ।।

भावार्थ:- हे हनुमंत! आप बड़े हठीले हो। अब अपने वज्र के प्रहार से मेरे शत्रुओं का नाश
कर दो ।।

gaDaa bajra lE bErihin~ maaro,
mahaaraaj prabhu Daas ubaaro

Gadaa Bajra Lei Beirihi Maaro,
Mahaaraaj Prabhu Daas Ubaaro

Meaning: - Hey Hanumaan jee! Hey devotee of Shree Raam! Destroy my enemies with the blow of your mace! I am in a severe crisis. Kindly get me out of trouble.

गदा बज्र लै बैरिहिं मारो । महाराज प्रभु दास उबारो ।।

भावार्थ:- हे रामभक्त हनुमान जी! अपनी गदा के प्रहार से मेरे शत्रुओं का संहार कर दो! अपने इस दास को इस घोर संकट से उबार लो ।।

on~kaar hun~kaar mahaaprabhu DHaao,
bajra gadaa haNu vilamba Na laao

Omkaar Humkaar Mahaaprabhu Dhaao,
Bajra Gadaa Hanu Vilamb Na Laao

Meaning: - Hey Bajrang Balee! Hearing my pitiful cry, come roaring! Come with your weapons! Come without delay. Come and protect me!

ॐकार हुंकार महाप्रभु धाओ । बज्र गदा हनु विलम्ब न लाओ ।।

भावार्थ:- हे बजरंग बली! मेरी करुण पुकार सुनकर हुंकारते हुए आओ! क्षण भर की देरी किये बिना अपने अस्त्र शस्त्र लेकर मेरी रक्षा हेतु आओ ।।

oum hrIn~ hrIn~ hrIn~haNuman~T kapIsaa,
oum hun~ hun~ hun~ haNu ari ur sIsaa

Oum Hreem Hreem Hreem Hanumant Kapeesaa,
Oum Hum Hum Hum Hanu Ari Ur Seesaa

Meaning: - Hey Mahaaveer! Hey mighty great Kapi! Behead my enemies.

ॐ हीं हीं हीं हनुमंत कपीसा । ॐ हुं हुं हुं हनु अरि उर सीसा ।।

भावार्थ:- हे कपि रूप में महावीर हनुमान! मेरे शत्रुओं के सिर धड़ से अलग कर दो ।।

saTya hohu hari shapaTH paaya ke,
raamDUT DHarU maarU jaaya ke

Satya Hohu Hari Shapath Paay Ke,
Raamdoot Dharu Maaroo Jaay Ke

Meaning: - Hey Hanumaan jee! I give you the oath of Shree Hari! Hey envoy of Shree Raam! Listen to my prayer! Solve all my problems. Get me out of this crisis.

सत्य होहु हरि शपथ पाय के । रामदूत धरु मारु जाय के ।।

भावार्थ:- हे हनुमान जी! आपको श्री हरि की शपथ है! हे रामदूत! मेरी विनती सुनो! मेरे सभी संकटों का निवारण करो ।।

jay jay jay haNumaNT agaaDHaa,
dukh paawaT jaN kehi aparaaDHaa

Jay Jay Jay Hanumant Agaadhaa,
Dukh Paavat Jan Kehi Apraadhaa

Meaning: - O Lord of immense power! Glory be to you always! For what sin is this servant of yours being punished?

जय जय जय हनुमन्त अगाधा । दुःख पावत जन केहि अपराधा ।।

भावार्थ:- हे अगाध शक्तियों के स्वामी! आपकी सदा ही जय हो! आपके इस दास को किस अपराध का दंड मिल रहा है ?

pUjaa jap Tap Nem achaaraa,
Nahin~ jaaNaT hOn~ Daas Tumhaaraa

Poojaa Jap Tap Nem Achaaraa,
Nahi Jaanat Houn Daas Tumhaaraa

Meaning: - Hey ocean of compassion! This servant of yours does not know anything about worship, chanting, penance, meditation etc. Please protect me! Kindly rescue this ignorant person.

पूजा जप तप नेम अचारा । नहिं जानत हौं दास तुम्हारा ।।

भावार्थ:- हे कृपा निधान! आपका यह दास पूजा-पाठ, जप-तप, ध्यान इत्यादि कुछ नहीं जानता है। मुझ अज्ञानी का उद्धार करो ।।

baN upavaN, mag giri grih maahIn~,
Tumhare bal ham darapaT NaahIn~

Ban Upvan, Mag Giri Grih Maaheen,
Tumhare Bal Ham Darpat Naaheen

Meaning: - You make your devotees fearless. Be it forest or garden, sea or mountain or house, your devotees do not feel afraid anywhere.

बन उपवन, मग गिरि गृह माहीं । तुम्हरे बल हम डरपत नाहीं ।।

भावार्थ:- आप अपने भक्तों को अभय प्रदान करते हैं। जंगल हो या वाटिका, समुद्र हो या पहाड़ या स्वयं का घर हो, आपके भक्तों को कहीं भी भय नहीं लगता ।।

paan~y parOn~ kar jori maNaavO~,
yahi awasar ab kehi goharaavOn~

Paay Paroun Kar Jori Manaavoun,
Yahi Awasar Ab Kehi Goharaavoun

Meaning: - O Lord! I am your servant. I beg you with folded hands. I hold your feet. Please help me.

पांय परौं कर जोरि मनावौं । यहि अवसर अब केहि गोहरावौं ।।

भावार्थ:- हे प्रभु आपका यह दास हाथ जोड़कर,आपके चरण पकड़कर सहायता मांग रहा है।

jay an~jaNi kumaar balavaNTaa,
**   shan~kar suvaN BIr haNumaNTaa**

Jay Anjani Kumaar Balvantaa,
Shankar Suvan Beer Hanumantaa

Meaning: - O son of Mother Anjani! You are the master of incomparable strength. O partial incarnation of Shiv! You are extremely brave!

जय अंजनि कुमार बलवन्ता । शंकर सुवन बीर हनुमन्ता ।।

भावार्थ:- हे माता अंजनी के पुत्र! आप अतुलित बल के स्वामी हैं। हे शिव के अंशावतार! आप अत्यधिक पराक्रमी हैं ।।

badaN karaal kaal-kul ghaalak,
**   raam sahaay saDaa praTipaalak**

Badan Karaal Kaal Kul Ghaalak,
Raam Sahaay Sadaa Pratipaalak

Meaning: - Oh Lord, your body is very huge and as fierce as the deity of death. You have always been helpful to Shree Raam and you have always followed his orders.

बदन कराल काल-कुल-घालक । राम सहाय सदा प्रतिपालक ।।

भावार्थ:- हे प्रभु आपका शरीर अति विशाल और काल के समान प्रचंड है। आप सदैव श्री राम के सहायक रहे हैं और आपने सदा उनकी आज्ञा का पालन किया है ।।

bhUT, preT, pisaach, Nisaachar,
agiN, beTaal, kaal maarI mar

Bhoot, Pret, Pisaach Nisaachar,
Agin Betaal Kaal Maaree Mar

Meaning: - Ghost, vampire, nocturnal no matter who it is, you have killed them all.

भूत, प्रेत, पिसाच निसाचर । अगिन बेताल काल मारी मर ।।

भावार्थ:- भूत, प्रेत, पिशाच, निशाचर, बेताल चाहे कोई भी हो, आपने सबका संहार किया है ।।

iNhen~ maaru, Tohi sapaTH raam kI,
raakhau NaaTH marajaaD Naam kI

Inhen Maaroo Tohi Sapath Raam Kee,
Raakhau Naath Marajaad Naam Kee

Meaning: - Oh Lord! I give you the oath of your favoured Lord Raam! You kill all of them immediately and keep the honour of Shree Raam.

इन्हें मारु, तोहि सपथ राम की । राखउ नाथ मरजाद नाम की ।।

भावार्थ:- हे प्रभु आपको आपके इष्ट भगवान राम की सौगंध है, अविलम्ब ही इन सबका संहार कर दो और श्री राम के नाम की मर्यादा रख लो ।।

jaNaksuTaa hari Daas kahaawo,
TaakI sapaTH vilamba Na laavo

Janak Sutaa Hari Daas Kahaavo,
Taakee Sapath Vilamb Na Laavo

Meaning: - Hey Hanumaan jee! You are a slave of Mother Seetaa also. Thus I give you the oath of Mother Seetaa. Now without any delay, get this devotee of yours out of trouble.

जनकसुता हरि दास कहावो । ताकी सपथ विलम्ब न लावो ।।

भावार्थ:- हे हनुमान जी! आप माता सीता के भी दास हैं। इसलिए आपको माता सीता की भी सौगंध है। अब अपने इस भक्त की विपत्ति निवारण में विलम्ब मत कीजिये ।।

jay jay jay DHuNi hoT akaasaa,
sumiraT hoT Dusah Dukh Naasaa

Jay Jay Jay Dhuni Hot Akaasaa,
Sumirat Hot Dusah Dukh Naasaa

Meaning: - Even the gods in the cosmos keep praising you. All terrible sorrows are destroyed by remembering you.

जय जय जय धुनि होत अकासा । सुमिरत होत दुसह दुःख नासा ।।

भावार्थ:- आपकी जय-जयकार आकाश में देवतागण भी करते रहते हैं। आपका स्मरण करने से भयंकर दुखों का नाश हो जाता है ।।

charan pakari, kar jori maNaavO,
yahi awasar ab kehi gOharaavOn~

Charan Pakari, Kar Jori Manaavou,
Yahi Awasar Ab Kehi Gouhraavoun

Meaning: - Hey envoy of Shree Raam! I pray to you holding your feet. I pray to you with folded hands. There is no one except you to whom I can express my sorrow.

चरण पकरि, कर जोरि मनावौ । यहि अवसर अब केहि गौहरावौं ।।

भावार्थ:- हे रामदूत! आपके चरण पकड़कर, हाथ जोड़कर आपसे प्रार्थना कर रहा हूँ। ऐसी विपत्ति के समय आपके अतिरिक्त और किसे अपना दुख सुनाऊँ ।

uthu uthu chalu Tohi raam duhaaI,
paan~ya parOn~ kar jori maNaaI

Uthu Uthu Chalu Tohi Raam Duhaai,
Paay Paroun Kar Jori Manaai

Meaning: - Hey Hanumaan jee! I give you the oath of Lord Shree Raam. Come, help me! I hold your feet. Mahaaveer! I pray to you with folded hands.

उठु उठु चलु तोहि राम दुहाई । पांय परौं कर जोरि मनाई ।।

भावार्थ:- हे हनुमान जी! मैं आपको भगवान श्री राम की सौगंध देता हूँ। मेरी सहायता करने आइए। मैं हाथ जोड़कर, आपके चरण पकड़कर आपसे प्रार्थना करता हूँ महावीर ।।

oum chan~ chan~ chan~ chan~ chapal chalan~Taa, oum haNu haNu haNu haNu haNu haNumaNTaa

Oum Cham Cham Cham Cham Chapal Chalantaa,
Oum Hanu Hanu Hanu Hanu Hanu Hanumantaa

Meaning: - Hey dutiful Hanumaan! You are very agile. Hey Hanumant! Destroy my troubles.

ॐ चं चं चं चं चपल चलंता । ॐ हनु हनु हनु हनु हनु हनुमन्ता ।।

भावार्थ:- हे कर्तव्यपरायण हनुमान! आप अत्यन्त चपल हो। हे हनुमंत! मेरी विपत्तियों का नाश करो ।।

oum han~ han~ haaN~k DeT kapi chan~chal, oum san~ san~ sahami paraaNe khal-Dal

Oum Ham Ham Haank Det Kapi Chanchal,
Oum Sam Sam Sahami Paraane Khal Dal

Meaning: - Oh mighty Hanumaan! Evil people get scared just by hearing your roar.

ॐ हं हं हाँक देत कपि चंचल । ॐ सं सं सहमि पराने खल-दल ।।

भावार्थ:- हे महाबली हनुमान! आपके हुंकार मात्र से दुष्ट जन भयभीत हो जाते हैं ।।

apaNe jaN ko TuraT ubaaro,
sumiraT hoy aaNaND hamaaro

Apane Jan Ko Turat Ubaaro,
Sumirat Hoy Aanand Hamaaro

Meaning: - O Mahaaveer! Quickly rescue your servant from troubles. Your devotees feel joyous as soon as they remember you.

अपने जन को तुरत उबारो । सुमिरत होय आनन्द हमारो ॥

भावार्थ:- हे महावीर! अपने दास को विपत्तियों से शीघ्र ही उबार लो। आपका स्मरण करते ही आपके भक्त आनंदित हो उठते हैं ॥

TaaTe biNaTI karOn~ pukaarI,
harahu sakal Dukh vipaTTi hamaarI

Taate Binatee Karoun Pukaaree,
Harahu Sakal Dukh Vipatti Hamaaree

Meaning: - Oh Lord! I am pleading to you. Take away all my sorrows and troubles.

ताते बिनती करौं पुकारी। हरहु सकल दुख विपत्ति हमारी॥

भावार्थ:- हे प्रभु! मैं आपसे गुहार लगा रहा हूँ। मेरे समस्त दुख, विपत्तियों को हर लो ॥

param prabal prabhaav prabhu Toraa,
    kas Na harahu ab san~kat moraa
        Param Prabal Prabhaav Prabhu Toraa,
        Kas Na Harhu Ab Sankat Moraa

Meaning: - O partial incarnation of Mahaadev! Your influence is very effective. Why don't you end my suffering?

परम प्रबल प्रभाव प्रभु तोरा। कस न हरहु अब संकट मोरा।।

भावार्थ:- हे शंकर सुवन! आपका प्रभाव बहुत ही प्रबल है। आप मेरे कष्टों का निवारण क्यों नहीं कर रहे हैं ।।

he bajaran~g! baan sam DHaavOn~,
    meti sakal Dukh Daras DikhaavOn~
        He Bajarang! Baan Sam Dhaavoun,
        Meti Sakal Dukh Daras Dikhaavoun

Meaning: - Hey Bajrang Balee! Please come as fast as an arrow shot from the bow. O Lord! Appear before me and save me from all troubles.

हे बजरंग ! बाण सम धावौं। मेटि सकल दुख दरस दिखावौं।।

भावार्थ:- हे बजरंग बली! आप बाणों की गति से आवो। दर्शन दो प्रभु! ताकि हमारे सभी दुखों का अंत हो जाए।

he kapi raaj kaaj ab ehOn~,
awasar chUki aNt pachhatEhOn~

He Kapi Raaj Kaaj Ab Ehoun,
Awasar Chooki Ant Pachhteihoun

Meaning: -O Vanar King! When will you solve my problems? When will you come? If I die before that, you will have nothing but regrets.

हे कपि राज काज अब एहौं । अवसर चूकि अन्त पछतैहौं ।।

भावार्थ:- हे कपि राज! मेरे संकटों का निवारण कब करोगे? कब आओगे? यदि उससे पहले मेरा अंत हो गया तो फिर आपके पास पछताने के अतिरिक्त और क्या बचेगा ?

jaN kI laaj jaaT ehi baaraa,
DHaavahu he kapi pavaN kumaaraa

Jan Kee Laaj Jaat Ehi Baaraa,
Dhaavahu He Kapi Pavan Kumaaraa

Meaning: - Oh son of Kesari! Your servant is surrounded by troubles. Come quickly and save me Lord!

जन की लाज जात एहि बारा। धावहु हे कपि पवन कुमारा।।

भावार्थ:- हे केसरी नंदन! आपका दास संकटों से घिरा हुआ है। शीघ्र आकर रक्षा करो प्रभु ॥

jayaTi jayaTi jay jay haNumaaNaa,
jayaTi jayaTi guN gyaaN NiDHaaNaa

Jayati Jayati Jay Jay Hanumaanaa,
Jayati Jayati Gun Gyaan Nidhaanaa

Meaning: - Oh Lord Hanumaan! Glory to you always! O Ocean of virtues and knowledge! You always remain victorious.

जयति जयति जय जय हनुमाना।जयति जयति गुन ज्ञान निधाना।।

भावार्थ:- हे प्रभु हनुमान! आपकी सदा ही जय हो! हे गुणों और ज्ञान के निधान आपकी सदा ही जय हो ।।

jayaTi jayaTi jay jay kapi raaI,
jayaTi jayaTi jay jay sukh DaaI

Jayati Jayati Jay Jay Kapi Raai,
Jayati Jayati Jay Jay Sukh Daai

Meaning: - Hey Kapiraaj! Glory be to you always! Hanumaan jee! You give happiness to the devotees. May you always be victorious!

जयति जयति जय जय कपि राई। जयति जयति जय जय सुख दाई।।

भावार्थ:- हे कपिराज! आपकी सदा ही जय हो! भक्तों को सुख प्रदान करने वाले हनुमान जी की सदा ही जय हो ।।

jayaTi jayaTi jay raam piyaare,
jayaTi jayaTi jay siyaa Dulaare

Jayati Jayati Jay Raam Piyaare,
Jayati Jayati Jay Siyaa Dulaare

Meaning: Hey Hanumaan jee! Shree Raam and Mother Seetaa are affectionate towards you. May you always be victorious!

जयति जयति जय राम पियारे। जयति जयति जय सिया दुलारे।।

भावार्थ:- प्रभु श्री राम को प्रिय हनुमान जी की सदा ही जय हो! माता सीता के दुलारे राम भक्त हनुमान जी आपकी सदा ही जय हो ।।

jayaTi jayaTi muD man~gal DaaTaa,
jayaTi jayaTi TribhuvaN vikhyaaTaa

Jayati Jayati Mud Mangal Daataa,
Jayati Jayati Tribhuvan Vikhyaataa

Meaning: - Hey Bajrang Balee! You are always philanthropic! Glory be to you always! You are famous in all three worlds for your devotion and mightiness! Hey partial incarnation of Shankar! May you always be victorious.

जयति जयति मुद मंगल दाता। जयति जयति त्रिभुवन विख्याता।।

भावार्थ:- हे बजरंग बली! आप सदैव कल्याणकारी हैं! आपकी सदा ही जय हो! तीनों लोकों में आप अपनी भक्ति और शक्ति के लिए विख्यात हैं! हे शंकर सुवन! आपकी सदा ही जय हो ।।

ehi prakaar gaavaT gun shesh~aa,
     paavaT paar nahIn~ lav lesh~aa

Ehi Prakaar Gaavat Gun Sheshaa,
Paavat Paar Naheen Lav Leshaa

Meaning: - Even if Shesh Naag sings your praises for eternity, your majesty cannot be described.

एहि प्रकार गावत गुण शेषा। पावत पार नहीं लव लेषा।।

भावार्थ:- स्वयं शेष नाग यदि अनंत काल तक भी आपका गुणगान करें, तब भी आपके प्रताप का वर्णन नहीं किया जा सकता ।।

raam rUp sarvaTra samaaNaa,
     DekhaT rahaT saDaa harsh~aaNaa

Raam Roop Sarvatra Samaanaa,
Dekhat Rahat Sadaa Harshaanaa

Meaning: - Hey great devotee! You always remain engrossed in the name and form of Shree Raam. You see Raam everywhere. So you are always happy.

राम रूप सर्वत्र समाना। देखत रहत सदा हर्षाना।।

भावार्थ:- हे भक्त शिरोमणि! आप श्री राम के नाम और रूप में ही सदा मगन रहते हैं। आप सर्वत्र राम के ही दर्शन पाते हुए सदा हर्षित रहते हैं।

viDHi saaraDaa sahiT DiN raaTI,
gaavaT kapi ke guN bahu bhaaN~TI
Vidhi Saaradaa Sahit Din Raatee,
Gaavat Kapi Ke Gun Bahu Bhaantee

Meaning: Mother Shaaradaa (Minerva), the Goddess of learning, praises you in various ways.

विधि सारदा सहित दिन राती। गावत कपि के गुन बहु भाँती।।

भावार्थ:- विद्या की अधिष्ठात्री माँ शारदा विविध प्रकार से आपका गुणगान करती हैं ।।

Tum sam NahIn~ jagaT balavaaNaa,
kari vichaar dekhauN~ viDHI NaaNaa
Tum Sam Naheen Jagat Balvaanaa,
Kari Vichaar Dekhaun Vidhi Naanaa

Meaning: - Oh Vanar king! I thought about it in many ways. There is no one in this world as brave and strong as you.

तुम सम नहीं जगत बलवाना। करि विचार देखउँ विधि नाना।।

भावार्थ:- हे कपि राज! मैंने बहुत प्रकार से विचार करके देख लिया। इस जगत में आपके समान वीर, बलवान कोई अन्य नहीं है ।।

yah jiy jaaNi saraN ham aaye,
TaaTe viNay karOn~ maN laaye

Yah Jiy Jaani Saran Ham Aaye,
Taate Vinay Karoun Man Laaye

Meaning: - Thinking this, I have come to you for refuge. O Lord! This refugee is telling you about his troubles.

यह जिय जानि सरन हम आये। ताते विनय करौं मन लाये।।

भावार्थ:- यही विचार कर में आपकी शरण में आया हूँ प्रभु! ये शरणागत आपसे अपनी विपदा कह रहा है ।।

suNi kapi aaraT bachaN hamaare,
harahu sakal Dukh bhram hamaare

Suni Kapi Aarat Bachan Hamaare,
Harahu Sakal Dukh Bhram Hamaare

Meaning: - Hey great Kapi! Hearing these grieved words of mine, destroy all my sorrows!

सुनि कपि आरत बचन हमारे। हरहु सकल दुख भ्रम हमारे।।

भावार्थ:- हे कपिराज! मेरे इन दुःख भरे वचनों को सुनकर मेरे सभी दुःखों का नाश कर दो!

ehi prakaar viNaTI kapi kerI,
jo jaN karE, lahE sukh dherI

Ehi Prakaar Vinatee Kapi Keree,
Jo Jan Karei Lahei Sukh Dheree

Meaning: - O Vanar king! Whoever prays to you in this way, you end all his sufferings and grant him happiness.

एहि प्रकार विनती कपि केरी। जो जन करै, लहै सुख ढेरी।।

भावार्थ:- हे कपिराज! जो भी इस प्रकार आपसे विनती करता है, आप उसके सभी कष्टों का अंत कर उसे सुख प्रदान करते हैं।

yaake padh~T bIr haNumaaNaa,
DHaawat baaN Tulya balawaanaa

Yaake Padhat Beer Hanumaanaa,
Dhaavat Baan Tulya Balvaanaa

Meaning: - As soon as a devotee chants this Bajrang Baan, Shree Hanumaan, the son of wind, runs with the speed of an arrow released from the bow and destroys the troubles of his devotee.

याके पढ़त बीर हनुमाना। धावत बान तुल्य बलवाना।।

भावार्थ:- इस बजरंग बाण के पढ़ते ही पवनपुत्र श्री हनुमान जी बाणों के वेग से अपने भक्त के संकटों को हरने के लिए दौड़ पड़ते हैं।।

metaT aay Dukh kshan maahI,
DE DarshaN raghupaTi dhin~g jaahIn~
Metat Aay Dukh Kshan Maahee,
Dei Darshan Raghupati Dhing Jaaheen

Meaning: - Hey Hanumaan jee! You remove all the sorrows and troubles of your devotees in a moment. You help your devotees in trouble. You give them darshan (appearing before devotees). And then you return to Lord Shree Raam.

मेटत आय दुख क्षण माही। दै दर्शन रघुपति ढिग जाहीं।।

भावार्थ:- हे हनुमान जी! आप अपने भक्तों के सभी प्रकार के दुखों का हरण क्षणमात्र में कर देते हैं। अपने भक्त को दर्शन देने के पश्चात आप पुनः प्रभु श्रीराम जी के पास लौट जाते हैं।

paath karE bajaran~g baan kI,
haNumaNT rakshaa karEn~ praan kI
Paath Karei Bajrang Baan Kee,
Hanumant Rakshaa Karein Praan Kee

Meaning: - We are reciting Bajrang Baan with deep belief that Hanumaan jee will protect us.

पाठ करै बजरंग बाण की, हनुमन्त रक्षा करैं प्राण की ।।

भावार्थ:- जो भक्त बजरंग बाण का पाठ करते हैं, हे हनुमान जी! आप उसके प्राणों की रक्षा करते हैं ।।

**dIth mUth toNaaDik NaasEn~,
par kriT yaNTra maNTra Nahin~ TraasE**

**Deeth Mooth Tonaadik Naasein,
Par Krit Yantra Mantra Nahin Traasei**

Meaning: - Sorcery, Witchcraft, Black Magic, Tantra-Mantra etc. become ineffective in front of your power.

डीठ मूठ टोनादिक नासैं। पर कृत यन्त्र मन्त्र नहिं त्रासै।।

भावार्थ:- आपकी कृपा से टोना-टोटका, मारण प्रयोग, तंत्र प्रयोग इत्यादि प्रभावहीन हो जाते हैं।

**bhEravaaDi sur karEn~ miTaaI,
aayasu maaNi karEn~ sewakaaI**

**Bheiravaadi Sur Karei Mitaai,
Aayasu Maani Karei Sevakaai**

Meaning: - Bhairav, deities etc. never harm your devotees. They become friendly to your devotees and help them.

भैरवादि सुर करैं मिताई। आयसु मानि करैं सेवकाई।।

भावार्थ:- भैरव, सुर आदि कभी आपके भक्तों का अहित नहीं करते बल्कि मित्रवत होकर उनकी सहायता करते हैं ।।

pran kari paath karEn~ maN laaI,
alp mriTyu grih Dos NasaaI

Pran Kari Paath Karein Man Laai,
Alp Mrityu Grih Dos Nasaai

Meaning: - The person who takes a resolution and recites Bajrang Baan with true heart, does not experience premature death and the Vaastu defects of his house also get eliminated.

प्रण करि पाठ करैं मन लाई, अल्प मृत्यु गृह दोस नसाई ।।

भावार्थ:- जो संकल्प लेकर मनपूर्वक बजरंग बाण का पाठ करता है, उसकी अकाल मृत्यु नहीं होती है और उसके घर का वास्तुदोष समाप्त हो जाता है।

aavriT gyaarah praTi Din jaapE,
TaakI chhaaN~h kaal Nahin~ vyaapEn~

Aavritti Gyaarah Prati Din Jaapei,
Taakee Chhaanh Kaal Nahin Vyapei

Meaning: - The god of death is afraid of even the shadow of a devotee who recites Bajrang Baan eleven times every day with devotion.

आवृत ग्यारह प्रति दिन जापै। ताकी छाँह काल नहिं व्यापै ।।

भावार्थ:- जो व्यक्ति प्रतिदिन ग्यारह बार बजरंग बाण का पाठ श्रद्धा पूर्वक करता है उसकी छाया से भी काल घबराता है।

shaTru samUh mitE sab aapE,
dekhaT Taahi suraasur kaaN~pE

Shatru Samooh Mitei Sab Aapei,
Dekhat Taahi Suraasur Kaanpei

Meaning: - The enemies of the one who recites Bajrang Baan are themselves destroyed. Seeing such a devotee, all the demons tremble.

शत्रु समूह मिटै सब आपै। देखत ताहि सुरासुर काँपै।।

भावार्थ:- बजरंग बाण का पाठ करने वाले के शत्रुओं का स्वतः ही नाश हो जाता है। ऐसे भक्त की छवि देखकर ही सभी सुर-असुर कांप उठते हैं।

Tej praTaap buDDHi aDHikaaI,
rahE sadaa kapiraaj sahaaI

Tej Prataap Buddhi Adhikaai,
Rahei Sadaa Kapiraaj Sahaai

Meaning: - Your devotee never lacks brilliance, majesty, strength and intelligence. You always help your devotee.

तेज प्रताप बुद्धि अधिकाई। रहै सदा कपिराज सहाई।।

भावार्थ:- आपके भक्त को तेज, प्रताप, बल, बुद्धि की कभी कमी नहीं रहती है। आप सदैव अपने दास की सहायता करते हैं ।।

yah bajaran~g baan jehi maarE,
    Taahi kaho phir kON ubaarE

        Yah Bajarang Baan Jehi Maarei,
        Taahi Kaho Phir Koun Ubaarei

Meaning: - Hey Hanumaan jee! Whoever is shot with this Bajrang Baan, no one in this world can save him.

यह बजरंग बाण जेहि मारै । ताहि कहो फिर कौन उबारै ।।

भावार्थ:- हे हनुमान जी! जिसे यह बजरंग बाण मार दिया जाए, उसे इस जगत में कोई उबार नहीं सकता है।

paath karE bajaran~g baan kI,
    haNumaT rakshaa karEn~ praaN kI

        Paath Karei Bajarang Baan Kee,
        Hanumat Rakshaa Karein Praan Kee

Meaning: - The devotee who regularly recites Bajrang Baan with devotion, Shree Hanumaan jee definitely saves his life.

पाठ करै बजरंग बाण की । हनुमत रक्षा करैं प्रान की ।।

भावार्थ:- जो भक्ति भाव से बजरंग बाण का नियमित पाठ करता है, श्री हनुमान जी! आप उसके प्राणों की रक्षा अवश्य करते हैं ।।

yah bajaran~g baan jo jaapEn~,
Taason~ bhUT preT sab kaan~pE

Yah Bajarang Baan Jo Jaapein,
Taason Bhoot Pret Sab Kaanpei

Meaning: - Ghosts are afraid of those devotees, who regularly chant this Bajrang Baan.

यह बजरंग बाण जो जापैं । तासों भूत प्रेत सब कांपै ।।

भावार्थ:- जो व्यक्ति नियमित इस बजरंग बाण का जप करता है, भूत-प्रेतादि उसकी छाया से भी भयभीत रहते हैं और उसके निकट नहीं आते हैं ।।

DHUp Dey aru japE hameshaa,
Taake TaN Nahin~ rahE kalesaa

Dhoop Dey Aru Japei Hameshaa,
Taake Tan Nahi Rahei Kalesaa

Meaning: - The person who burns incense and recites Bajrang Baan with devotion, always remains free from physical troubles.

धूप देय अरु जपै हमेशा । ताके तन नहिं रहै कलेसा ।।

भावार्थ:- जो व्यक्ति धूप दिखाकर श्रद्धा पूर्वक बजरंग बाण का पाठ करता है, वह शारीरिक कष्टों से सदैव मुक्त रहता है ।।

Stanza:

ur praTITi Dridh~ saraN havE,
paath karE DHari DHyaaN
baaDHaa Sab har, karE Sab
kaaj safal haNumaaN
prem praTITihin~ kapi bhaje,
sadaa DHarE ur DHyaaN
Tehi ke kaaraj sakal subh,
siDDH karEn~ haNumaaN

Ur Prateeti Dhridh Saran Havei,
Paath Karei Dhari Dhyaan
Baadhaa Sab Har, Karei Sab
Kaaj Safal Hanumaan
Prem Prateetihin Kapi Bhaje,
Sadaa Dharei Ur Dhyaan
Tehi Ke Kaaraj Sakal Subh,
Siddh Karein Hanumaan

Meaning: - The person who regularly recites Bajrang Baan with devotion and faith, Hanumaan jee removes all his obstacles and grants him/her success in all his/her endeavours. Hey Hanumaan jee! The person who remembers you lovingly and always remembers you in his heart, all his/her work gets accomplished by your grace.

॥दोहा॥

उर प्रतीति दृढ़ सरन हवै, पाठ करै धरि ध्यान।
बाधा सब हर, करै सब काज सफल हनुमान।
प्रेम प्रतीतिहिं कपि भजे,सदा धरै उर ध्यान।
तेहि के कारज सकल सुभ,सिद्ध करैं हनुमान॥

भावार्थ:- जो श्रद्धा, विश्वास के साथ बजरंग बाण का नियमित पाठ करता है, हे हनुमान जी! आप उसकी सभी बाधाओं को दूर कर देते हैं और उसे उसके सभी कार्यों में सफलता प्रदान करते हैं। हे हनुमान जी! जो प्रेम पूर्वक आपका स्मरण करता हैं तथा सदा अपने हृदय में आपका ध्यान करता है, उसके सभी प्रकार के कार्य आपकी कृपा से सिद्ध होते हैं ॥

About haNumaaN aaratI

About Hanumaan Aaratee

[Aaratee is a Sanaatan / Hindu ritual of worship. The devotee performs Aaratee by burning camphor etc. in the plate and also praises the Gods and Goddesses while ringing the bell.]

[Everyone should perform Aaratee of Lord Hanumaan, especially those people, who have Mars in a weak position in their horoscope. It is believed that Hanumaan jee gets pleased soon if a devotee performs his Aaratee on Tuesday. No negative powers are able to enter the house where Aaratee of Lord Hanumaan is performed regularly.]

[अगर किसी जातक की कुंडली में मंगल ग्रह कमजोर है तो उसे हनुमान जी की आरती अवश्य करनी चाहिए। मान्यता है कि मंगलवार को हनुमान जी की आरती करने से हनुमान जी खुश होते हैं। यदि घर में नियमित रूप से हनुमान जी की आरती होती है तो इससे घर में किसी भी प्रकार की नकारात्मक शक्तियां प्रवेश नहीं कर पाती।]

haNumaaN aaratI

[Correct Hindi pronunciation supported]

aaraTI kIjE haNumaaN lalaa kI
Dush~t DalaN raghuNaaTH kalaa kI
aaraTI kIjE haNumaaN lalaa kI
Dush~t DalaN raghuNaaTH kalaa kI
jaake bal se girivar kaan~pe
rog Dosh~ jaake Nikat Na jhaan~ke
an~jaNi puTra mahaabalaDaayI
saNTaN ke prabhu saDaa sahaaI
aaraTI kIjE haNumaaN lalaa kI
Dush~t DalaN raghuNaaTH kalaa kI
De bIraa raghuNaaTH pathaae
lan~kaa jaarI siyaa suDHi laae
lan~kaa so kot samuDra sI khaaI
jaaT pavaN suT baar Na laaI
aaraTI kIjE haNumaaN lalaa kI
Dush~t DalaN raghuNaaTH kalaa kI
lan~kaa jaari asur san~haare
siyaaraam jI ke kaaj san~waare
lakshman mUrchhiT pad~e sakaare
aaNi san~jIvaN praan ubaare
aaraTI kIjE haNumaaN lalaa kI
Dush~t DalaN raghuNaaTH kalaa kI

pEthI paaTaal tori jamakaare
ahiraavan kI bhujaa ukhaare
baaen~ bhujaa asurDal maare
DaahiNe bhujaa san~T jaN Taare
aaraTI kIjE haNumaaN lalaa kI
Dush~t DalaN raghuNaaTH kalaa kI
sur Nar muNi jaN aaraTI uTaaren~
jay jay jay haNumaaN uchaaren~
kan~chaN THaar kapUr lO chhaaI
aaraTI karaT an~jaNaa maaI
aaraTI kIjE haNumaaN lalaa kI
Dush~t DalaN raghuNaaTH kalaa kI
lan~k viDHvan~s kINh raghuraaI
TulasIDaas prabhu kIraTi gaaI
jo haNumaaN jI kI aaraTI gaavE
basI bEkun~th param pad paavE
aaraTI kIjE haNumaaN lalaa kI
Dush~t DalaN raghuNaaTH kalaa kI
aaraTI kIjE haNumaaN lalaa kI
Dush~t DalaN raghuNaaTH kalaa kI

Hanumaan Aaratee in Simple Roman

Aaratee Keejei Hanumaan Lalaa Kee
Dusht Dalan Raghunaath Kalaa Kee
Aaratee Keejei Hanumaan Lalaa Kee
Dusht Dalan Raghunaath Kalaa Kee
Jaake Bal Se Girivar Kaampe
Rog Dosh Jaake Nikat Na Jhaanke
Anjani Putra Mahaabaladaayee
Santan Ke Prabhu Sadaa Sahaai
Aaratee Keejei Hanumaan Lalaa Kee
Dusht Dalan Raghunaath Kalaa Kee
De Beera Raghunaath Pathaaye
Lankaa Jaaree Siyaa Sudhi Laaye
Lankaa So Kot Samudra See Khaai
Jaat Pavan Sut Baar Na Laai
Aaratee Keejei Hanumaan Lalaa Kee
Dusht Dalan Raghunaath Kalaa Kee
Lankaa Jaari Asur Sanhaare
Siyaaraam Jee Ke Kaaj Sanvaare
Lakshman Moorchhit Pade Sakaare
Aani Sanjeevan Praan Ubaare
Aaratee Keejei Hanumaan Lalaa Kee
Dusht Dalan Raghunaath Kalaa Kee

Peithee Paataal Tori Jamkaare
Ahiraavan Kee Bhujaa Ukhaare
Baayen Bhujaa Asur Dal Maare
Daahine Bhujaa Sant Jan Taare
Aaratee Keejei Hanumaan Lalaa Kee
Dusht Dalan Raghunaath Kalaa Kee
Sur Nar Muni Jan Aaratee Utaaren
Jay Jay Jay Hanumaan Uchaaren
Kanchan Thaar Kapoor Lou Chhai
Aaratee Karat Anjanaa Maai
Aaratee Keejei Hanumaan Lalaa Kee
Dusht Dalan Raghunaath Kalaa Kee
Lank Vidhvans Keenh Raghuraai
Tulaseedaas Prabhu Keerati Gaai
Jo Hanumaan Jee Kee Aaratee Gaavei
Basee Baikunth Parampad Paavei
Aaratee Keejei Hanumaan Lalaa Kee
Dusht Dalan Raghunaath Kalaa Kee
Aaratee Keejei Hanumaan Lalaa Kee
Dusht Dalan Raghunaath Kalaa Kee

Hanuman Ji Ki Aaratee In Hindi

हनुमान जी की आरती

आरती कीजै हनुमान लला की। दुष्ट दलन रघुनाथ कला की।
आरती कीजै हनुमान लला की। दुष्ट दलन रघुनाथ कला की।।
जाके बल से गिरिवर कांपे। रोग दोष जाके निकट न झांके।
अंजनि पुत्र महाबलदायी। सन्तन के प्रभु सदा सहाई।।
आरती कीजै हनुमान लला की। दुष्ट दलन रघुनाथ कला की।।
दे बीरा रघुनाथ पठाए। लंका जारी सिया सुधि लाए।
लंका सो कोट समुद्र सी खाई। जात पवनसुत बार न लाई।
आरती कीजै हनुमान लला की। दुष्ट दलन रघुनाथ कला की।।
लंका जारि असुर संहारे। सियारामजी के काज संवारे।
लक्ष्मण मूर्छित पड़े सकारे।आनि संजीवन प्राण उबारे।
आरती कीजै हनुमान लला की। दुष्ट दलन रघुनाथ कला की।।
पैठी पाताल तोरि जमकारे। अहिरावण की भुजा उखारे।
बाएं भुजा असुरदल मारे। दाहिने भुजा संत जन तारे।
आरती कीजै हनुमान लला की। दुष्ट दलन रघुनाथ कला की।।
सुर-नर-मुनि जन आरती उतारें। जय जय जय हनुमान उचारें।
कंचन थार कपूर लौ छाई। आरती करत अंजना माई।
आरती कीजै हनुमान लला की। दुष्ट दलन रघुनाथ कला की।।
लंकविध्वंस कीन्ह रघुराई। तुलसीदास प्रभु कीरति गाई।
जो हनुमानजी की आरती गावै। बसी बैकुंठ परमपद पावै।
आरती कीजै हनुमान लला की। दुष्ट दलन रघुनाथ कला की।
आरती कीजै हनुमान लला की। दुष्ट दलन रघुनाथ कला की।।

haNumaaN aaratI (with meaning)

Hanumaan Aaratee (With Meaning)

हनुमान जी की आरती
(अर्थ सहित)

aaraTI kIjE haNumaaN lalaa kI
Dush~t DalaN raghuNaaTH kalaa kI

Aaratee Keejei Hanumaan Lalaa Kee
Dusht Dalan Raghunaath Kalaa Kee

Meaning: Let us perform the Aaratee of Hanumaan jee who is the destroyer of evil and who is a great devotee of Shree Raghunaath jee.

।। आरती कीजै हनुमान लला की।
दुष्ट दलन रघुनाथ कला की ।।

अर्थ- श्री रघुनाथ जी के परम भक्त, दुश्मों का संहार करने वाले हनुमान जी की आरती करें ।

jaake bal se girivar kaan~pe
rog Dosh~ jaake Nikat Na jhaan~ke

Jaake Bal Se Girivar Kaampe
Rog Dosh Jaake Nikat Na Jhaanke

Meaning: Hey Hanumaan jee! Huge mountains tremble while facing your strength. Your devotee always remains free from all troubles, diseases and vices.

॥ जाके बल से गिरिवर कांपे।
रोग दोष जाके निकट न झांके ॥

अर्थ- जिनके बल के आगे बड़े-बड़े पर्वत भी कांप उठते है, ऐसे हनुमान जी का स्मरण करनेवाला रोग, दोष की पीड़ा से मुक्त रहता है।

an~jaNi puTra mahaabalaDaayI
saNTaN ke prabhu saDaa sahaaI

Anjani Putra Mahaabaladaayee
Santan Ke Prabhu Sadaa Sahaai

Meaning: Shree Hanumaan jee is the son of Mother Anjani. He is very powerful. Bajrang Balee always helps the saints.

॥ अंजनि पुत्र महावलदायी।
सन्तन के प्रभु सदा सहाई ॥

अर्थ- माता अंजनी के पुत्र श्री हनुमान जी अत्यन्त बलशाली हैं। बजरंग बली संतों की सदेव सहायता करते हैं।

De bIraa raghuNaaTH pathaae
lan~kaa jaarI siyaa suDHi laae

De Beera Raghunaath Pathaaye
Lankaa Jaaree Siyaa Sudhi Laaye

Meaning- Shree Raam had entrusted you with the great task of searching for Mother Seetaa. While searching for Mother Seetaa, you reached Raavan's kingdom Lankaa. You burnt Lankaa and returned with the news of Mother Seetaa.

।। दे बीरा रघुनाथ पठाए।
लंका जारि सिया सुध लाए ।।

अर्थ- श्री राम ने आपको माता सीता को ढूंढने का महान कार्य सौंपा था। माता सीता को ढूंढते हुए आप रावण की नगरी लंका पहुँच गए। आपने लंका नगरी को जला दिया और माता सीता का समाचार लेकर वापस लौटे।

lan~kaa so kot samuDra sI khaaI
jaaT pavaN suT baar Na laaI

Lankaa So Kot Samudra See Khaai
Jaat Pavan Sut Baar Na Laai

Meaning- There was a deep moat like a bottomless ocean around Raavan's city of Lankaa. But you crossed it and reached the city of Lankaa.

।। लंका सो कोट समुद्र सी खाई।
जात पवनसुत वार न लाई ।।

अर्थ- रावण की लंका नगरी के चारों तरफ अथाह समुद्र जैसी गहरी खाई थी। किन्तु आप उसे लांघकर लंका नगरी पहुँच ही गए।

lan~kaa jaari asur san~haare

siyaaraam jI ke kaaj san~waare

Lankaa Jaari Asur Sanhaare
Siyaaraam Jee Ke Kaaj Sanvaare

Meaning- Hanumaan jee went to Lankaa and killed the demons there. He helped Lord Shree Raam by giving him the news of Mother Seetaa.

॥ लंका जारि असुर संहारे।
सियारामजी के काज संवारे ॥

अर्थ- हनुमान जी ने लंका जाकर असुरों का संहार किया और माता सीता का समाचार लाकर प्रभु श्री राम की सहायता की।

lakshman mUrchhiT pad~e sakaare

aaNi san~jIvaN praan ubaare

Lakshman Moorchhit Pade Sakaare
Aani Sanjeevan Praan Ubaare

Meaning- When Shree Lakshman jee had become unconscious, Hanumaan jee brought Sanjeevanee herb before morning and saved Lakshman jee's life.

॥ लक्ष्मण मूर्छित पड़े सकारे।
आनि संजीवन प्राण उबारे ॥

अर्थ- जब श्री लक्ष्मण जी मूर्छित हो गए थे तब हनुमान जी आपने सुबह होने से पहले संजीवनी बूटी लाकर लक्ष्मण जी के प्राणों की रक्षा की थी।

pEthI paaTaal tori jamakaare

ahiraavan kI bhujaa ukhaare

Peithee Paataal Tori Jamkaare

Ahiraavan Kee Bhujaa Ukhaare

Meaning- When Ahiraavan kidnapped Shree Raam and Shree Lakshman and took them to the abyss, you freed them from his captivity and killed Ahiraavan.

।। पैठी पताल तोरि जमकारे।
अहिरावन की भुजा उखारे ।।

अर्थ- जब अहिरावण श्रीराम व लक्ष्मण जी का अपहरण करके पाताल लोक ले गया तब आप ने अहिरावण का वध करके उन्हें उसके बंधन से मुक्त कराया था।

baaen~ bhujaa asurDal maare

DaahiNe bhujaa san~T jaN Taare

Baayen Bhujaa Asur Dal Maare

Daahine Bhujaa Sant Jan Taare

Meaning- Hanumaan jee kills demons with his left hand and protects saints with his right hand.

।। बाएं भुजा असुर दल मारे।
दाहिने भुजा संत जन तारे ।।

अर्थ- हनुमान जी अपने बाएं हाथ से असुरों का संहार करते हैं और दाएं हाथ से संतों की रक्षा करते हैं।

sur Nar muNi jaN aaraTI uTaaren~
jay jay jay haNumaaN uchaaren~

Sur Nar Muni Jan Aaratee Utaaren
Jay Jay Jay Hanumaan Uchaaren

Meaning- Gods, common people and sages always perform your aaratee and praise you.

।। सुर-नर-मुनि जन आरती उतारे।
जय जय जय हनुमान उचारे ।।

अर्थ- देवता, साधारण मनुष्य और ऋषि मुनि जन सदैव आपकी आरती उतारते है और आपकी जय जयकार करते हैं।

kan~chaN THaar kapUr lO chhaaI
aaraTI karaT an~jaNaa maaI

Kanchan Thaar Kapoor Lou Chhai
Aaratee Karat Anjanaa Maai

Meaning- Mother Anjanaa performs your Aaratee with camphor flame in a golden plate.

।। कंचन थार कपूर लौ छाई।

आरती करत अंजना माई ।।

अर्थ- माता अंजना स्वर्ण थाली में कपूर की लौ से आप की आरती उतारती है।

lan~k viDHvan~s kINh raghuraaI
TulasIDaas prabhu kIraTi gaaI

Lank Vidhvans Keenh Raghuraai
Tulaseedaas Prabhu Keerati Gaai

Meaning- Hanumaan jee burnt Lankaa and Shree Raam killed Raavan. Tulaseedaas sings the praises of them.

॥ लंकविध्वंस कीन्ह रघुराई।
तुलसीदास प्रभु कीरति गाई॥

अर्थ- हनुमान जी ने लंका को जलाया और श्रीराम ने रावण का वध कर दिया। तुलसीदास प्रभु की कीर्ति गान करते हैं।

jo haNumaaN jI kI aaraTI gaavE
basI bEkun~th param pad paavE

Jo Hanumaan Jee Kee Aaratee Gaavei
Basee Baikunth Parampad Paavei

Meaning- The Devotees who sing the aaratee of Lord Hanumaan with a true heart, they enjoy all the pleasures in this world and ultimately attain a place in Dev Lok Vaikuntha.

॥ जो हनुमानजी की आरती गावै।
बसि बैकुंठ परमपद पावै ॥

अर्थ- जो भक्त सच्चे हृदय से हनुमान जी की आरती गाते हैं, वे इस लोक में सब सुखों को भोगते हुए अंत में बैकुंठ में स्थान पाते हैं।

Importance of Hanumaan Aaratee

The devotee attains fearlessness and his/her mind always remains joyful. The blessings of Hanumaan jee always remain on the devotees. All difficulties are removed from the life of the devotees. Devotees get strength, intelligence, knowledge and success.

हनुमान आरती की महत्ता

भक्त को अभय की प्राप्ति होती है और उसका चित्त सदैव हर्षित रहता है। भक्त पर हनुमान जी का आशीर्वाद सदैव बना रहता है। भक्त के जीवन में आने वाली समस्त कठिनाइयां दूर हो जाती हैं। भक्त को बल, बुद्धि, विद्या, सफलता की प्राप्ति होती है।

Don't miss out!

Visit the website below and you can sign up to receive emails whenever Anurag Pandey publishes a new book. There's no charge and no obligation.

https://books2read.com/r/B-A-ANUM-PXAQC

BOOKS 2 READ

Connecting independent readers to independent writers.

Did you love *Hanumaan Chaaleesaa, Sankat Mochan Hanumaan Ashtak & Bajrang Baan of Goswami Tulsidas with Bajrang Aaratee In English and Hindi with Meaning*? Then you should read *Meditative Moments of a Seeker*[1] by Anurag Pandey!

[2]

"Meditative Moments" are moments beyond moments. They keep you realizing that you are eternal and infinite. They never leave you from your chase. They keep reviving themselves. They go on getting deeper and more mysterious. They start pulling you. You fail to keep yourself uninfluenced by them. Slowly you drown in them. The doors of the inner world start opening one after the other and you feel as if you are an alien on your planet Earth.

I am in relationship with 'Meditative Moments' since childhood. Sitting for hours in Padmasana (Lotus posture) on the open terrace

---

1. https://books2read.com/u/3yWGPJ

2. https://books2read.com/u/3yWGPJ

in the afternoon and playing the game of Meditation. Inviting spirits using planchette and to marvel at their actual arrival, to be effortlessly in continuous state of witnessing. Then came a period of divagation. But those moments walked with me like a shadow and embraced me again.

There is no erudition in this book. If you are interested in experiences related to meditation and you want to delve deeper into those experiences, then this book is for you. It has four chapters.

First chapter is about various experiences of the subtle world. How Krishna, Buddha, Jesus, Sai Baba, Goddess Dhoomavati, Vanadevi (Forest Goddess), Osho, Unknown Monk, Avadhoot Baba Sivananda etc met me in the subtle world and inspired me, helped me.

Second chapter is detailed explanation of various experiences through which a spiritual practitioner undergoes while practicing meditation. For example the feeling of vastness, the pulsation in the penis, the movement of subtle bodies, the spinning and opening of the chakras, feeling the omnipresence of the consciousness, the unfolding of the past and the future, the manifestation of the inner world etc. Why and how do these experiences knock us? Which experiences are positive and which experiences are dangerous to be drowned in? How can we deepen these experiences? I have tried to put light on these factors as per my experience.

Third chapter explains how we can practically use meditation for solving problems. How using meditation we can transform the future, heal physical and mental illness, understand, break and transform thought chains, purify body, mind, intellect and consciousness. And fourth chapter is about the benefits of meditation, how it improves your work skills, helps you set up your goals and so on.

Also by Anurag Pandey

Let's Play with Excel

The Mad Storyteller

◇◇◇◇ ◇◇◇◇◇

Meditative Moments of a Seeker

Develop Snakes & Ladders Game Complete Guide with Code & Design

Hanumaan Chaaleesaa, Sankat Mochan Hanumaan Ashtak & Bajrang Baan of Goswami Tulsidas with Bajrang Aaratee In English and Hindi with Meaning

About the Author

Anurag S Pandey is a writer, poet and computer programmer. His poems have been published in national newspapers and magazines of India like Navbharat Times, Kadambini etc. He has written Story/ Screenplay/ Dialogues for various TV Shows like Lady Inspector, Shaka Laka Boom Boom, Indonesian TV shows etc. At present he lives in Bhubaneswar, India. Meditation, yoga, mystery, paranormal & supernatural activities are some of his favorite topics to read and write.

www.ingramcontent.com/pod-product-compliance
Lightning Source LLC
Chambersburg PA
CBHW051228160726
47994CB00002B/799